古抄本群書治要二種

金澤文庫本

群書治要

圖版

四

〔唐〕魏徵 等撰　江曦 校理　潘銘基 解題

本册目録

群書治要卷第二十三……一四七一

群書治要卷第二十四……一五四三

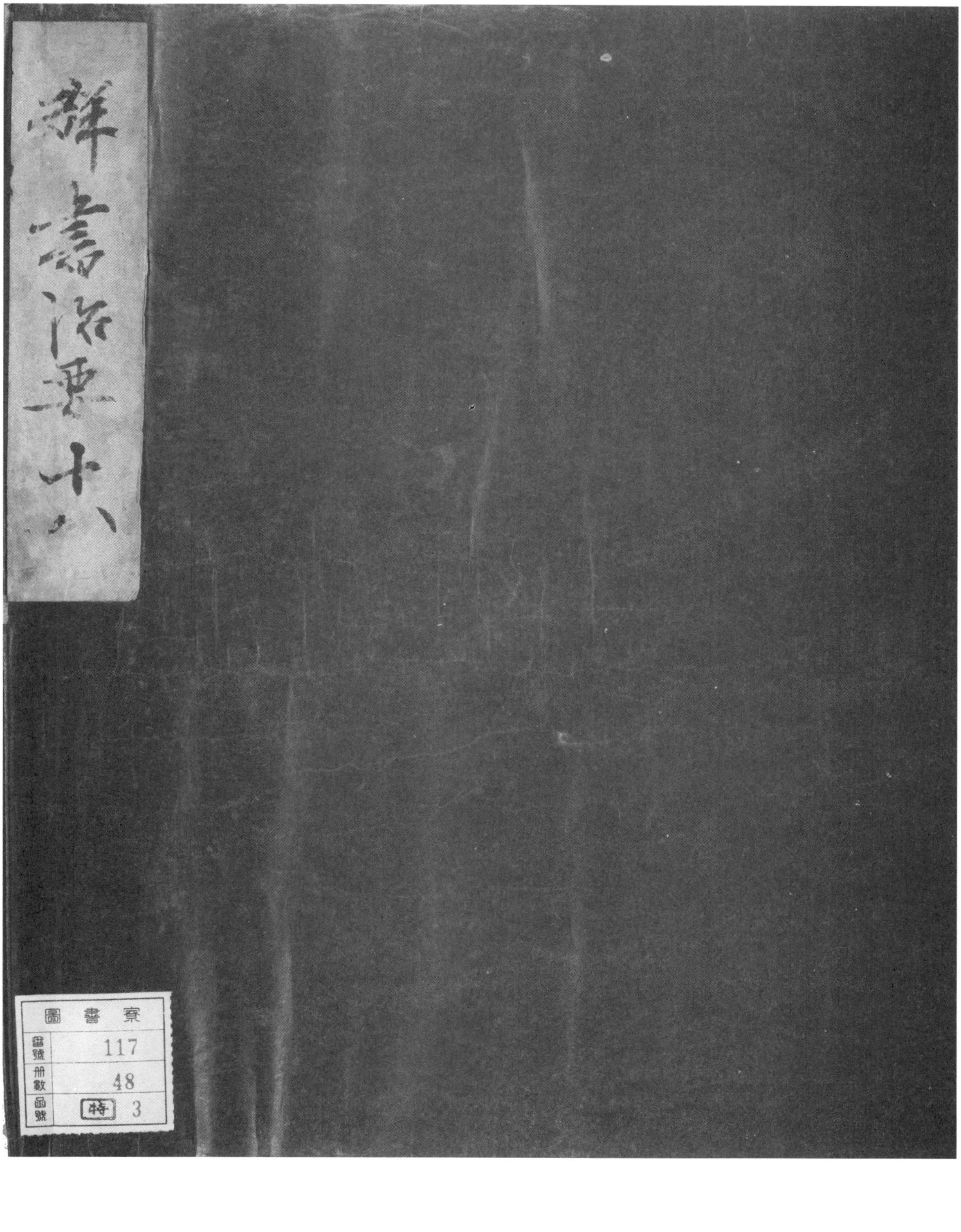
群書治要 十八
圖書寮
書號 117
冊數 48
函號 特 3

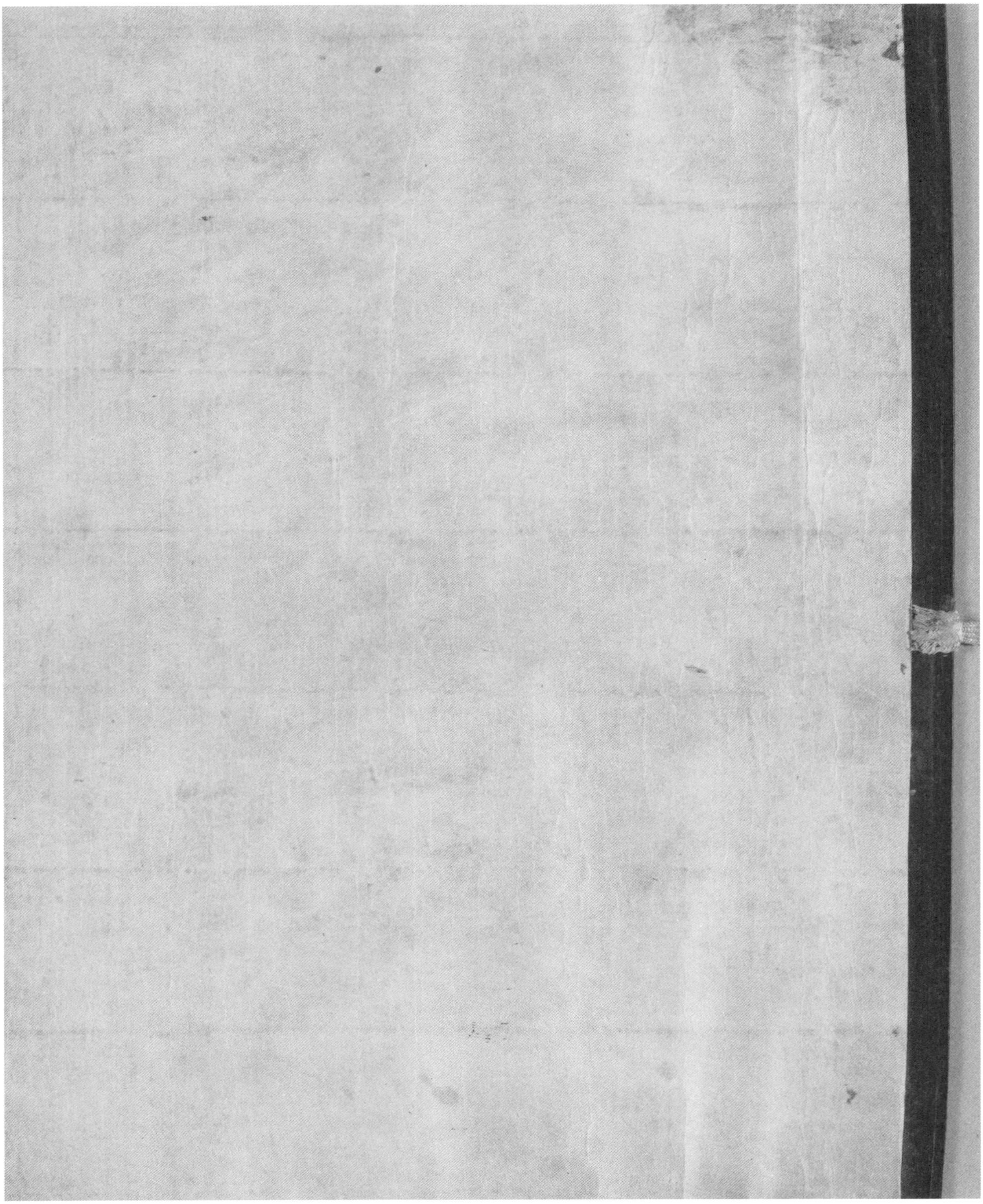

【第一紙】

群書治要卷第十八　秘書監鉅鹿男臣魏徵等奉　勅撰

漢書六　傳

司馬相如字長卿蜀郡人也為郎嘗從上至長楊獵是時天子方好自擊熊豕馳逐野獸相如因上疏諫其辭曰臣聞物有同類而殊能者故力稱烏獲捷言慶忌勇期賁育臣之愚竊以為人誠有之獸亦宜然今陛下好凌阻險射猛獸

之獸亦宜然今陛下好涉阻險射猛獸
卒然遇逸材之獸駭不存之地犯屬車
之清塵輿不及還轅人不暇施巧雖有
烏獲逄蒙之伎力不得施用枯木朽株
盡爲難矣是胡越起於轂下而羌夷接
軫也豈不殆哉雖萬全而無患然本非
天子之所宜近也且夫清道而後行中
路而馳猶時有銜橛之變況乎涉豊草
騁丘墟前有利獸之樂而内無存變之

【第二紙】

騁丘墟前有利獸之樂而內無存變之
意其為害也不難矣夫輕乘万之重不
為以安樂出万有一危之塗以為娛臣
竊為陛下不取蓋明者遠見於未萌智
者避危於無形禍固多藏於隱微而發
於人之所忽者也故鄙諺曰家累千金
坐不垂堂此言雖小可以諭大臣願陛
下留意幸察上善之
公孫弘菑川人也家貧牧豕海上年卌乃

公孫弘菑川人也家貧牧豕海上年卌乃
學春秋武帝即位弘年六十以賢良
對策焉武帝制曰蓋聞上古至治畫衣
冠異章服而民不犯陰陽和五穀登六
畜蕃甘露降風雨時嘉禾興朱草生童杌
無草木也澤不涸麟鳳在郊藪龜龍遊於沼
河洛出圖書父不喪子兄不哭弟舟車
所至人迹所及跂行喙息咸得其宜朕
甚嘉之今何道而臻乎此天人之道何所

而不離和不遠禮則民親而不暴
故法之所罰義之所去也和之所賞
礼之所取也禮義者民之所服也而賞
罰順之則民不犯禁矣故畫衣冠異章
服而民不犯者此道素行也臣聞之
氣同則從聲比則應今人主和得於
上百姓和合於下故心和則氣和氣
和則刑和刑和則聲和聲和則天地
之和應矣故陰陽和風雨時甘露降

之和應矣故陰陽和風雨時甘露降
五穀登山不童澤不涸此和之至也
故刑和則無疾無疾則不夭故父不
哭子兄不哭弟德配天地明並日月則
麟鳳至龜龍在郊河出圖洛出書遠方之君
莫不悅義奉幣而來朝此和之至也臣聞
之仁者愛也義者宜也禮者所履也
智者術之原也致利除害兼愛無
私謂之仁明是非立可否謂之義

【第四紙】

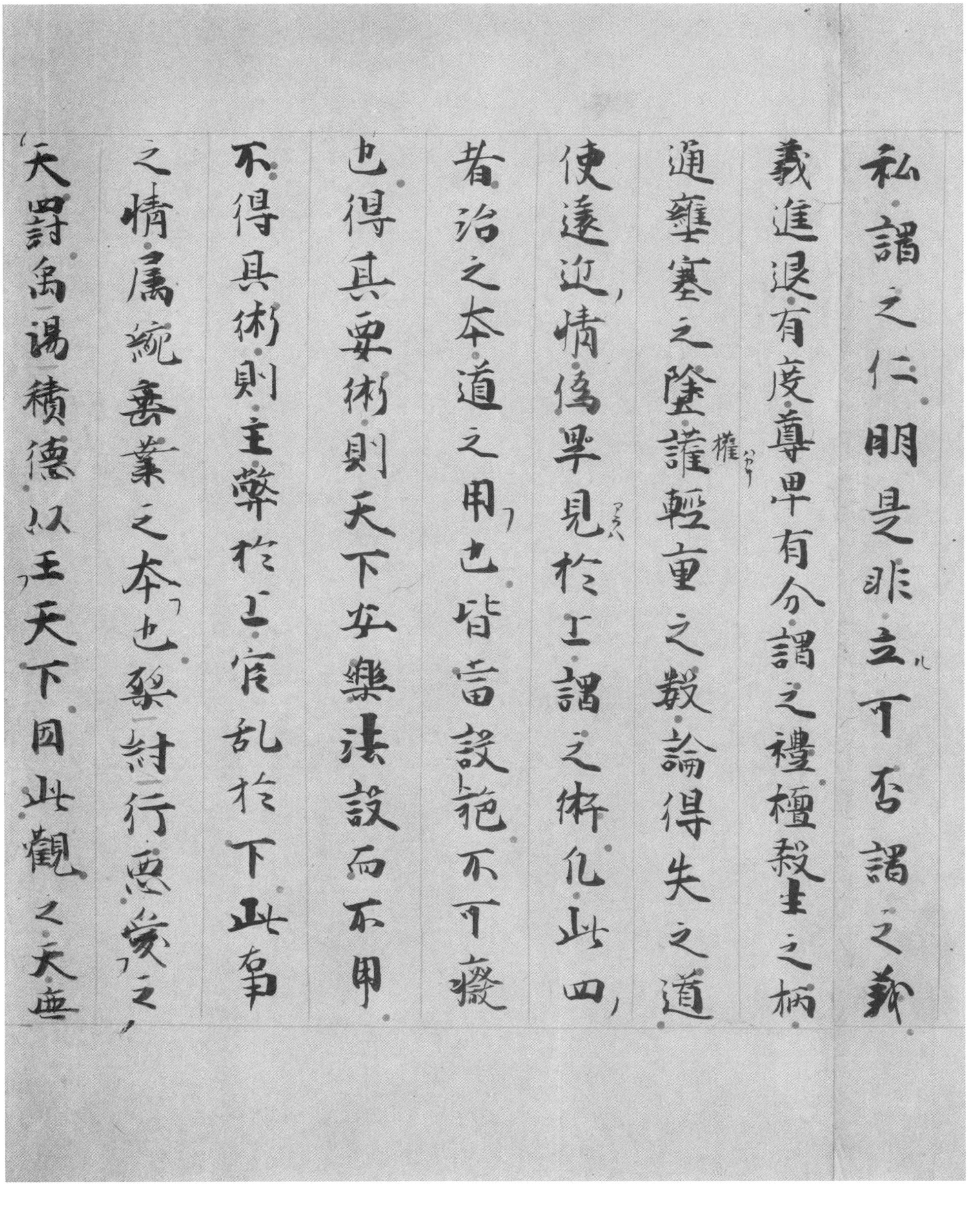

私謂之仁明是非立可否謂之義
義進退有度尊卑有分謂之禮擅殺生之柄
通壅塞之塗權輕重之數論得失之道
使遠近情偽畢見於上謂之術凡此四
者治之本道之用也皆當設施不可廢
也得其要術則天下安樂法設而不用
不得其術則主蔽於上官亂於下此事
之情屬統垂業之本也桀紂行惡受之
天罰禹湯積德以王天下因此觀之天無

【第五紙】

天罰禹湯積德以王天下因此觀之天無
私親順之和起逆之害生此天文地理
人事之紀也太常奏弘第居下策奏天
子擢爲第一拜爲博士待詔金馬門
後爲丞相
卜式河南人也以田畜爲事時漢方事
匈奴式上書願輸家財半助邊上使使問
式欲爲官乎式曰少牧羊不習仕宦不
願也使者以聞上乃召拜式爲中郎賜

顧也使皆以聞上乃召拜式為中郎賜
爵左庶長田十頃布告天下尊顯以風
百姓初不願為郎上曰吾有羊在上林
中欲令子牧之式既為郎布衣屩而牧羊
歲餘羊肥息上過其羊所善之式曰非
獨羊也治民亦猶是矣以時起居惡者
輒去毋令敗群上奇其言欲試使治
民拜式緱氏令便之遷齊王太傅轉
御史大夫贊曰公孫弘卜式兒寬皆以

御史大夫贊曰公孫弘卜式兒寬皆以鴻漸之翼困於燕爵（漸進也鴻一舉而進千里者羽翼之材也弘等皆以大材初為俗所薄若燕爵不知鴻志也）遠迹羊豕之間非遇其時焉能致此位乎是時漢興六十餘載海內乂安府庫充實而四夷未賓制度多闕上方欲用文武求之如弗及始以蒲輪迎枚生見主父而歎息羣士慕嚮異人並出卜式拔於芻牧弘羊擢於賈豎衛青奮於奴僕日磾出於

【第六紙】

羊擢於賈竪衛青奮於奴僕日磾出於
降虜斯亦曩時板築飯牛之朋已漢之
得人於茲為盛儒雅則公孫仲舒兒
寬篤行則石慶質直則汲黯卜式推賢
則韓安國鄭當時定令則趙禹張湯文
章則司馬遷相如滑稽則東方朔枚皋
應對則嚴助朱買臣曆數則唐都落
下閎協律則李延年運籌則桑弘羊奉
使則張騫蘇武將率則衛青霍去病

使則張騫蘇武將率則衛青霍去病
受遺則霍光金日磾其餘不可勝紀
是以興造功業制度遺文後世莫及孝宣
承統纂脩洪業亦講論六藝招選茂異而
蕭望之梁丘賀夏侯勝韋玄成嚴彭祖尹
更始以儒術進劉向王褒以文章顯將相
則張安世趙充國魏相丙吉于定國杜延年
治民則黄霸王成龔遂鄭弘召信臣韓延
壽尹翁歸趙廣漢嚴延年張敞之屬皆

壽尹翁歸趙廣漢嚴延年張敞之屬皆
有功迹見述於後世參其名臣亦其次也
嚴助會稽人也建元三年閩越舉兵圍
東甌東甌告急太尉田蚡以為越人相攻擊
其常事又數反覆不足煩中國往救也自
秦時弃不屬於是助詰蚡曰特患力不能救
德不能覆誠能何故弃之且秦舉咸陽
弃之何能越也上迺遣助以節發兵浮海
救東甌遣兩將軍將兵誅閩越淮南王

【第七紙】

故東甌遣兩將軍將兵誅閩越淮南王
安上書諫曰今聞有司舉兵將以誅越
臣安竊為陛下重之越方外之地劗髮
文身之民也不可以冠帶之國法度治也
三代之盛胡越不與受正朔非彊弗能服
威弗能制也以為不居之地不牧之民不足
以煩中國也自漢初定以來七十二年吳
越人相攻擊者不可勝數然天子未嘗舉
兵而入其地也臣聞越非有城郭邑里也

江而入其地也臣聞越非有城郭邑里也
處谿谷之間篁竹之中習扵水鬪便扵用
舟地深昧而多水險中國之人不知其勢
阻雖百不當一得其地不可郡縣也攻
之不可暴取也以地圖察其山川要塞
相去不過寸數而間獨數百千里阻險
林叢弗能盡著視之若易行之甚難
越人名為藩臣貢酎之奉不輸大内（越國僻遠
珍奇之貢宗廟之祭皆不与也大内都内也）一卒之用不及上

(跻弃之貢宗廟之祭皆不与也大内郡内也)一卒之用不及上
事自相攻擊而陛下以兵救之是反以中
国而勞蠻夷也越人愚戇輕薄負約反
覆其不用天子之法度非一日之積也壹
不奉詔擧兵誅之臣恐後兵革無時得息
也閒者數年歲比不登頼陛下德澤振救
之得毋轉死溝壑今發兵行數千里資衣
粮入越地輿轎而踰嶺(轎車也領山領不通車通轉皆擔輿也)
拕舟而入水行數百千里夾以深林叢竹

【第八紙】

拕舟而入水行數百千里夾以深林叢竹
水道上下擊石林中多蝮蛇猛獸夏月
暑時歐洩霍乱之病相隨屬也曾未施
兵接刃死傷者衆矣前時南海王反陛
下先臣使將軍閒忌將兵擊之（先臣淮南厲王長也）
會天暑多雨樓船卒水居擊櫂未戰
而病死者過半老親哭泣孤子啼號破家
散業迎尸千里之外裹骸骨而歸悲哀之
氣數年不息長老至今以為記曾未入其

氣數年不息長老至今以為記曾未入其
地而禍已至此矣臣聞軍旅之後必有凶年
陛下德配天地明象日月恩至禽獸澤及
草木一人有飢寒不終其天年而死者為之
悽愴於心今方內無狗吠之警而使陛下甲
卒死亡暴露中原霑漬山谷邊境之民為
之早閉朝不及夕臣安竊為陛下重之不習
南方地形者多以越為人眾兵彊能難邊
城（邊城作難也）臣竊聞之與中國異限以高山

城邊城作難也　臣竊聞之以為中國異限以高山
人迹絕車道不通天地所以隔外內也
其越人綿力薄材不能陸戰又無車騎
弓弩之用然而不可入者以保險而中國
之人不能其水土也兵未血刃而病死者
什二三雖舉越國而虜之不足以償所亡
臣聞道路言閩越王弟甲弒而殺之甲以誅
死其民未有所屬陛下使重臣臨存施德
垂賞以招致之此必委質為藩臣世共貢

【第九紙】

垂賞以招致之此必委質為藩臣供貢
職陛下以方寸之印丈二之組鎮撫方外不
勞一卒不頓一戟而威德並行今以兵入其
地此必震恐以有司為欲屠滅之也必雉兔
逃入山林險阻背而去之則復相群聚留而
守之歷年經歲則士卒疲勌食粮乏絶
男子不得耕稼種樹婦人不得紡績織
丁壯從軍老弱轉餉居者無食行者
無糧民苦兵事亡逃者必衆隨而誅之

輿糧民苦兵事亡逃者必衆隨而誅之
不可勝盡盜賊必起兵者凶事一方有急
四面皆從臣恐變故之生姦邪之作由此
始也周易曰高宗伐鬼方三年而剋之鬼
方小蠻夷高宗殷之盛天子也以盛天子
伐小蠻夷三年而後剋言用兵之不可不
重也臣聞天子之兵有征而無戰言莫
敢校也如使越人蒙死徼幸以逆執事
之顏行廝輿之卒（在前行故曰顏也）有一不備而歸

之顏行廝輿之卒在赤行故曰顏也有一倫而歸
者雖得越王之首臣竊猶爲大漢羞之
陛下四海爲境九州爲家八藪爲囿江漢
爲池生民之屬皆爲臣妾陛下垂德惠以
覆露之使元元之民安生樂業則澤被萬
世施之無窮天下之安猶泰山而四維之也
夷狄之地何足以爲一日之閒而煩汗馬之
勞乎是時漢兵遂出未踰領適會閩
越王弟餘善殺王以降漢兵罷上嘉

【第十紙】

越王弟餘善殺王以降漢兵罷上嘉
淮南之意
吾丘壽王字子贛趙人也丞相公孫弘
奏言十賊彍弩百吏不敢前害寡而
利多此盜賊所以蕃也禁民不得挾弓
弩則賊盜執短兵短兵接則衆者勝以
衆吏捕寡賊其勢必得盜賊有害無
利則莫犯法臣愚以為禁民無得挾弓
弩便上下其議壽王對曰臣聞古者作

弩便上下其議壽王對曰臣聞古者作
五兵非以相害以禁暴討邪安居則以
制猛獸而備非常有事則以設守衛而
施行陣及至周室衰微諸侯力政強侵
弱衆暴寡海内抏獘巧詐並生是以智
者陥愚勇者威怯苟得勝為務不顧義
理故機變械飾所以相賊害之具不可勝
數秦兼天下廢王道立私議去仁恩而任
刑戮墮名城殺豪傑銷甲兵折鋒刃

刑戮墮名城殺豪傑銷甲兵折鋒刃
其後民以耰鉏箠梃相撃撲犯法滋
衆盜賊不勝至於赭衣塞路羣盜滿
山卒以亂亡故聖王務教化而省禁防
知其不足恃也今陛下昭明德遠太平舉
俊材興學官宰内曰化方外向風然而盜
賊猶有者郡國二千石之罪[illegible]非挾弓弩
之過也禮曰男子桑弧蓬矢以舉之明加
有事也大射之禮自天子降及平庶人三

【第十一紙】

有事也大射之禮自天子降及平庶人三
代之道也愚聞聖王合射以明教未聞弓
矢之爲禁也且所爲禁者爲盜賊之以
攻奪也罪[攻奪之]死然而不止者大姧之於重誅
固不避也臣恐邪人挾之而吏不能良民
以自備而抵法禁是擅賊威而奪民救、
也竊以爲無益於禁姦而廢先生之典
使學者不得習行其礼不便書奏上以
難丞相弘弘詘服焉

雖至相和和訖服焉
主父偃齊國人也上書闕下所言九事其
八為律令一事諫伐匈奴曰臣聞國雖大
好戰必亡天下雖平忘戰必危天下既平
春蒐秋獮所以不忘戰也且怒者逆德也
兵者凶器也爭者末節也故聖王重之夫
務戰勝窮武事未有不悔者也昔秦皇
帝任戰勝之威并吞戰國海內為一功
齊三代務勝不休欲攻匈奴李斯諫曰

齊三代務勝不休欲攻匈奴李斯諫曰
夫匈奴無城郭之居委積之守遷徙鳥
舉難得而制輕兵深入糧食必絕運糧
以行重不及事得其地不足以為利得其
民不可調而守也（不可和調）勝必弃之非民父
母靡弊中國月心匈奴非見計也秦皇帝
不聽遂使蒙恬將兵而攻胡却地千里以
河為境發天下丁男以守北河暴兵露
師十有餘年死者不可勝數終不踰河而

【第十二紙】

師十有餘年死者不可勝數終不踰河而
北是豈人衆之不足兵革之不備哉其
勢不可也又使天下飛芻輓粟轉輸北河
率卅鍾而致一石男子疾耕不足於糧餉
女子紡績不足於帷幕百姓靡弊孤
寡老弱不能相養道死者相望蓋天下
始叛也及至高皇帝定天下略地於邊
聞匈奴聚代谷之外而欲擊之御史
成諫曰夫匈奴獸聚而鳥散從之如

固諫曰夫匈奴獸聚而鳥散從之如
搏影今陛下盛德攻匈奴臣竊危之高
帝不聽遂至代谷果有平城之圍高帝
悔之迺使劉敬往結和親然後天下
無干戈之事故兵法曰興師十萬日費
千金秦常積衆數十萬人雖有覆軍
殺將係虜單于適足以結怨深讎不
足以償天下之費也夫匈奴行盜侵敺
所以爲業天性固然上自虞夏殷周舎

所以為業天性固然上自虞夏殷周禽獸畜之不比為人夫不上觀虞夏殷周之統而下循近世之失此臣之所以大恐百姓所疾苦也且夫兵久則變生事苦則慮易使邊境之民靡獘愁苦將吏相疑而外市（與外國交求也　古章耶之比）故尉佗章耶得成其私此得失之効也書奏召見遷拜為郎中偃數上疏言事歲中四遷偃說上曰古者諸侯地不過百里强弱之

【第十三紙】

說上曰古者諸侯地不過百里彊弱之
形易制今諸侯或連城數十地方千里
緩則驕奢易爲淫乱急則阻其彊而合
從以逆京師今以法割削逆節萌起
前日朝錯是也今諸侯子弟或十數
而適嗣代立餘雖骨肉無尺地封則仁
孝之道不宣願陛下令諸侯得推恩分
子弟以地侯彼人人喜得所願上以德施
實分其國必稍自銷弱矣於是上從其

實令其國必稍自銷弱矣於是上從其
計
徐樂燕人也上書曰臣聞天下之患在於
土崩不在瓦解古今一也何謂土崩秦之
末世是也陳涉無千乘之尊非王公大人
名族之後非有孔曾墨子之賢陶朱猗
頓之富然起窮巷奮棘矜偏袒大呼天
下風從此其故何也曰民困而主不恤下怨
而上不知俗以亂而政不修此三者陳涉之

而上不知俗以亂而政不脩此三者陳涉之
所以為資也此之謂土崩故曰天下之患
在乎土崩何謂瓦解吳楚齊趙之兵是
也七國謀為大逆號皆稱萬乘之君帶
甲數十萬威足以嚴其境內財足以勸其
士民然不能西攘尺寸之地而身為禽於
中原者此其故何也非權輕於匹夫而兵
弱於陳涉也當是之時先帝之德未衰
而安土樂俗之民衆諸侯無境外之助此

【第十四紙】

而安土樂俗之民衆諸侯無境外之助此
之謂瓦解故曰天下之患不在瓦解由此觀
之天下誠有土崩之勢雖布衣窮處之
士或首難而危海内况三晉之君或存乎天
下雖未治也誠能無土崩之勢雖有強國勁
兵不得還踵而身爲禽也况群臣百姓能
爲乱乎此二體者安危之明要賢主之所
留意而深察也間者關東五穀數不登年
歲未復民多窮困重之以邊境之事推

歲未復民多窮困重之以邊境之事推
數循理而觀之民宜有不安其處者矣不
安故易動易動者土崩之勢也故賢主獨
觀萬化之原明安危之機修之廟堂之上
而銷未形之患也其要期使天下無土崩
之勢而已矣臣聞圖王不成其弊足以安
安則陛下何求而不得何為而不成奚征而
不服哉
嚴安臨菑人也以故丞相史上書曰臣聞

嚴安臨菑人也以故丞相史上書曰臣聞
鄒子曰政教文質者所以云救也當時則
用過則舍之有易則易之故守一而不變
者未睹法之至也秦王并吞戰國稱
號皇帝壹海內之政壞諸侯之城民得
免於戰國人人自以爲更生向使秦緩其
刑罰薄賦斂省傜役貴仁義賤權利上
篤厚下佞巧變風易俗化於海內則世世
必安矣秦不行是風循其故俗爲智巧

【第十五紙】

必安矣秦不行是風從其故俗爲智巧
權利者進篤厚忠正者退法嚴令苛諂
諛者衆日聞其美意廣心逸欲威海外
當是時秦禍北構於胡南挂於越宿兵於
無用之地進而不得退行十餘年丁男被
甲丁女轉輸苦不聊生自經於道樹
死者相望及秦皇帝崩天下大叛豪士
並起不可勝載也然本皆非公侯之後
無尺寸之勢起閭巷杖棘矜應時而

無尺寸之勢起閭巷杖棘矜應時而動不謀而俱起不約而同會至乎伯王時教然也秦貴為天子富有天下滅世絕祀窮兵之禍也故周失之弱秦失之彊不變之患也今徇南夷朝夜郎降羌僰略穢溯達城邑（東夷也）深入匈奴燔其龍城議者美之此人臣之利非天下之長策也今中國無狗吠之驚而外累於遠方之備靡敝國家非所以

外累於遠方之備靡幣國家非所以子民也行與窮之欲可心快意結怨於匈奴非所以安邊也禍挐而不解兵休而復起近者愁苦遠者驚駭非所以持久也今天下鍛甲磨劍矯箭控弦轉輸軍糧未見休時此天下所共憂夫兵久而變起事煩而慮生今外郡之地或幾千里列數城十帶胷諸侯非宗室之利也臣觀齊晉所以亡公室卑削者

【第十六紙】

室之利也臣觀齊晉所以亡公室卑削兵
卿大盛也下覽秦之所以滅刑嚴文刻
欲大無窮也今郡守之權非特六卿之
重也封邑千里非特閭巷之資也甲
兵器械非特棘矜之用也以逢萬世之
變則不可勝諱也天子納之
賈捐之字君房賈誼之曾孫也元帝
初珠厓人反發兵擊之諸縣更叛連
年不定上與有司議大發軍捐之建

年不定上與有司議大發軍捐之建
議以為不當擊上使侍中王商詰問捐
之曰珠崖內屬為郡久矣今背叛逆節
而云不當擊長蠻夷之亂虧先帝功德
經義何以處捐之對曰孔子稱堯曰大
哉韶曰盡善禹曰無間以三聖之德地
方不過數千里欲與聲教則治之不欲
與者不彊治也故君治歌德含氣之物各
得其宜武丁成王殷周之大仁也然地

得其宜武丁成王殷周之大仁也然地東不過江黄西不過氐羌南不過蠻荊北不過朔方是以頌聲並作視聽之類咸樂其生越裳氏重九譯而獻此非兵革之所能致及其衰也南征不還秦興兵遠攻貪外虛内務欲廣地不慮其害而天下潰叛賴聖漢初興爲天下至孝文皇帝閔中國未安偃武行文則斷獄數百民賦卌丁男三年而一事時有獻千里馬者詔曰鸞

【第十七紙】

男三年而一事時有獻千里馬者詔曰鸞
旗在前屬車在後吉行日五十里朕乘千
里之馬獨先安之於是還馬與道里
費而下詔曰朕不受獻也其令四方無來
獻當此之時逸遊之樂絶奇麗之賂塞
故謚爲孝文廟稱大宗至孝武皇帝
大倉之粟紅腐而不可食都內之錢貫
朽而不可校迺探平城之事錄冒頓
以來數爲邊害籍兵厲馬因富民以攘

以來數爲邊害厲兵馬因富民以攘
服之西連諸國至于安息東過碣石
以玄菟樂浪爲郡北却匈奴万里制南
海以爲八郡則天下斷獄万數民賦數賦
數百造鹽鐵酒榷之利以佐用度猶不
能足當此之時寇賊並起軍旅數發
父戰於前子鬬於後女子乘亭鄣孤
兒號於道老母寡婦飲泣巷哭遙設
祭想魂乎萬里之外淮南王盜寫

祭想魂乎萬里之外淮南王盜寫
虎符公孫勇等詐爲使者是皆廓地
泰大征伐不休之故也今天下獨有關
東關東大者獨有楚民衆久困連
年流離〻其城郭相枕席於道路人
情莫親父母樂夫婦至嫁妻賣子法
不能禁義不能止此社稷之憂也今
陛下不忍悁〻之忿欲驅士衆擠之大
海之中快心幽冥之地非所以救助飢

【第十八紙】

海之中快心幽冥之地非所以救助飢
饉保全元元也駱越之人父子同川而浴
与禽獸無異本不足郡縣置也獨居一
海之中多毒草蟲蛇水土之害人未見
虜戰士自死又非獨珠厓有珠犀瑇瑁
也棄之不足惜不擊不損威其民譬猶
魚鼈何足貪也臣竊以往者羌軍言之
暴師曾未一年兵出不踰千里費卌餘
萬萬大司農錢盡迺以少府禁錢續之

萬〻大司農錢盡迺以少府禁錢續之
夫一隅為不善費尚如此況於勞師遠
攻亡士無功乎求之往古則不合施之當
今又不便臣愚以為非冠帶之國禹貢所
及春秋所治皆可且無以為願遂弃珠厓
專用恤關東為憂對奏丞相于定國以
以為捐之議是上乃從之遂下詔曰珠厓
虜殺吏民背叛為逆今議者或言可擊
或言可守或欲弃之其指各殊朕日夜

或言可守或欲弃之其指各殊朕日夜
惟思議者之言羞威不行則欲誅之狐
疑避難則守屯田通于時變則憂万民
夫萬民之飢餓與遠蠻之不討危孰大
焉且宗廟之祭凶年不備况避不嫌之
辱哉今關東大困倉庫空虛無以相贍
又以動兵非特勞民凶年隨之其罷珠
厓郡捐之數召見言多納用時中書令
石顯用事捐之數短顯以故不得官後

【第十九紙】

石顯用事捐之數短顯以故不得官後

稀復見

東方朔字曼倩平原人也武帝即位侍

詔金馬門遷元三年上始微行北至池陽

西至黃山南至長楊東遊宜春夜出夕

還後上以為道遠勞苦又為百姓所患

乃使吾丘壽王舉籍阿城以南盩厔

以東宜春以西隄封頃畝及其價直

欲除以為上林苑屬之南山壽王奏

欲除以為上林苑屬之南山壽王奏
事上大悦朔進諫曰臣聞謙遜靜慤
表之應〻之以福驕溢靡麗天表之
應〻之以異今陛下累郎臺恐其不
高弋獵之處恐其不廣如天不為變則
三輔之地盡可以為苑何必盩厔鄠杜
乎奢侈越制天為之變故上林雖小
臣尚以為大也夫南山天下之大阻也南
有江淮北有河渭其地從汧隴以東商

有江淮北有河渭其地從汧隴以東商雒以西厥壤肥饒漢興去三河之地止灞滻以西都涇渭之南此所謂天下陸海之地秦之所以虜西戎兼山東者也其山出玉石金銀銅鐵豫章檀柘異類之物不可勝原此百工所作足也有秔稻梨栗桑麻竹箭之饒貧者得以人給家足无饑寒之憂故酆鎬之間號為土膏其價畝一金今規以為苑絕陂池水澤之利而

【第二十紙】

一金今規以為苑絶陂池水澤之利而
取民膏腴之地上乏國家之用下奪農
桑之業弃成功就敗事損耗五穀是其
不可一也且國荊棘之林而長養麋鹿廣
狐菟之苑大虎狼之墟又壞人冢墓發
人室廬令幼弱懷土而思耆老泣涕而
悲是其不可二也騎馳東西車騖南北
又有深溝大渠夫一日之樂不足以危無
隄之輿不敢虜天子文言其也是其不可三也故務

隄之興不敢斥天子故言興也是其不可三也故務
苑囿之大不恤農時非所彊國富臣也夫
殷作九市之宮紂於宮中設九市也而諸侯叛靈王
起章華之臺而楚人散秦興阿房之
殿而天下亂糞土愚臣忘生觸死逆盛
意犯隆旨罪當万死上乃拜朔為太中
大夫給事中賜黄金百斤然遂起上
林武帝時公主貴人多踰禮制天下
侈靡趍末百姓多離農畝上從容問

修靡趍末百姓多離農畝上從容問
朔朕化民豈有道乎朔對曰堯舜禹
湯文武成康上古之事經歷千載尚
難言也臣不敢陳願近述孝文皇帝
之時當世耆老皆聞見之貴為天子
富有四海身衣弋綈足履草舄以韋
帶劍莞蒲為席衣縕無文集上書囊
以為殿帷以道德為麗以仁義為準
於是天下望風成俗昭然化之今陛下

【第二十一紙】

於是天下望風成俗昭然化之今陛下以小圖起建章左鳳闕右神明號稱千門万戶木土衣綺繡狗馬被繢罽宮人簪瑇瑁垂珠璣設戲車敎馳逐飾文采叢恠撞万石之鐘擊雷霆之鼓作俳優舞鄭女上爲淫侈如此而欲使民獨不奢侈失農事之難者也陛下誠能用臣之計推甲乙甲乙帳名燔之於四通之衢却走馬亦不復用則堯舜之

四通之衢却走馬示不復用則堯舜之
隆宜可与之治矣易曰正其本万事理
失之豪氂差以千里願陛下留意察
之朔直言切諫上常用之設非有先生之
論其辭非有先生仕呉進不稱往古以
廣主意退不揚君美以顯其功默然無
言者三年矣呉王恠而問之曰談何容
易夫談有悖於目咈於耳謬於心便於
身者或有恱於目順於耳快於心而毀

耳者或有悅於目順於耳悖於心而毀
於行者非有明王聖主孰能聽之吴王
曰何爲其然也中人以上可以語上先生
試言寡人將聽焉先生對曰昔者關龍
逢深諫於桀而王子比干直言於紂此
二臣者皆極慮盡忠閔主澤不下流而
万民騷動故直言其失切諫其邪者
將以爲君之榮除主之禍也及以誹謗
君之行無人臣之禮懇及危人爲天下

【第二十二紙】

君之行無人臣之禮殺及先人為天下
笑故曰談何容易是以輔弼之臣瓦
解而邪諂之人並進遂及飛廉惡來
革等（二人皆紂時佞臣）二人皆詐偽巧言利口
以進其身陰奉雕琢刻鏤之好以納
其心務快耳目之欲以苟容為度遂
往不戒身沒被戮宗廟崩弛國家為
墟故卑身賤體悅色微辭愉愉呴呴
終無益於主上之治則志士仁人不忍為

終無益於主上之治則志士仁人不忍為
也儀然作矜嚴之色深言直諫上以拂
主之邪下以損百姓之害則忤於邪主心
歷於衰世之法如是邪主之行固足畏
也故言談何容易於是吳王懼然易容
捐薦去几危坐而聽先生曰接輿避世
箕子陽狂此二子者皆避濁世以全其
身者也使遇明王聖主得賜清燕之
閒寬和之色發憤畢誠圖畫安危揆

闓寬和之色發憤畢誠圖畫安危揆
度得失上以安至體下以便万民則
五帝三王之道可幾而見也故伊尹蒙
恥辱負鼎俎以干湯太公釣於渭以
湯以見文王心合意同謀无不成計無
不從深念遠慮引議以正其身推恩
以廣下本仁祖義褒有德祿賢能誅
惡亂總遠方壹統類美風俗此帝王
所由昌也上不變天性下不奪人倫則

【第二十三紙】

所由昌也上不變天性下不奪人倫則
天地和洽遠方懷之故號聖王於是
裂地定封爵爲公侯傳國子孫名
顯後世民到于今稱之以遇湯與
文王也太公伊尹獨如此龍逢比
干獨彼豈不哀哉故曰談何容易

群書治要卷第十八　漢書六

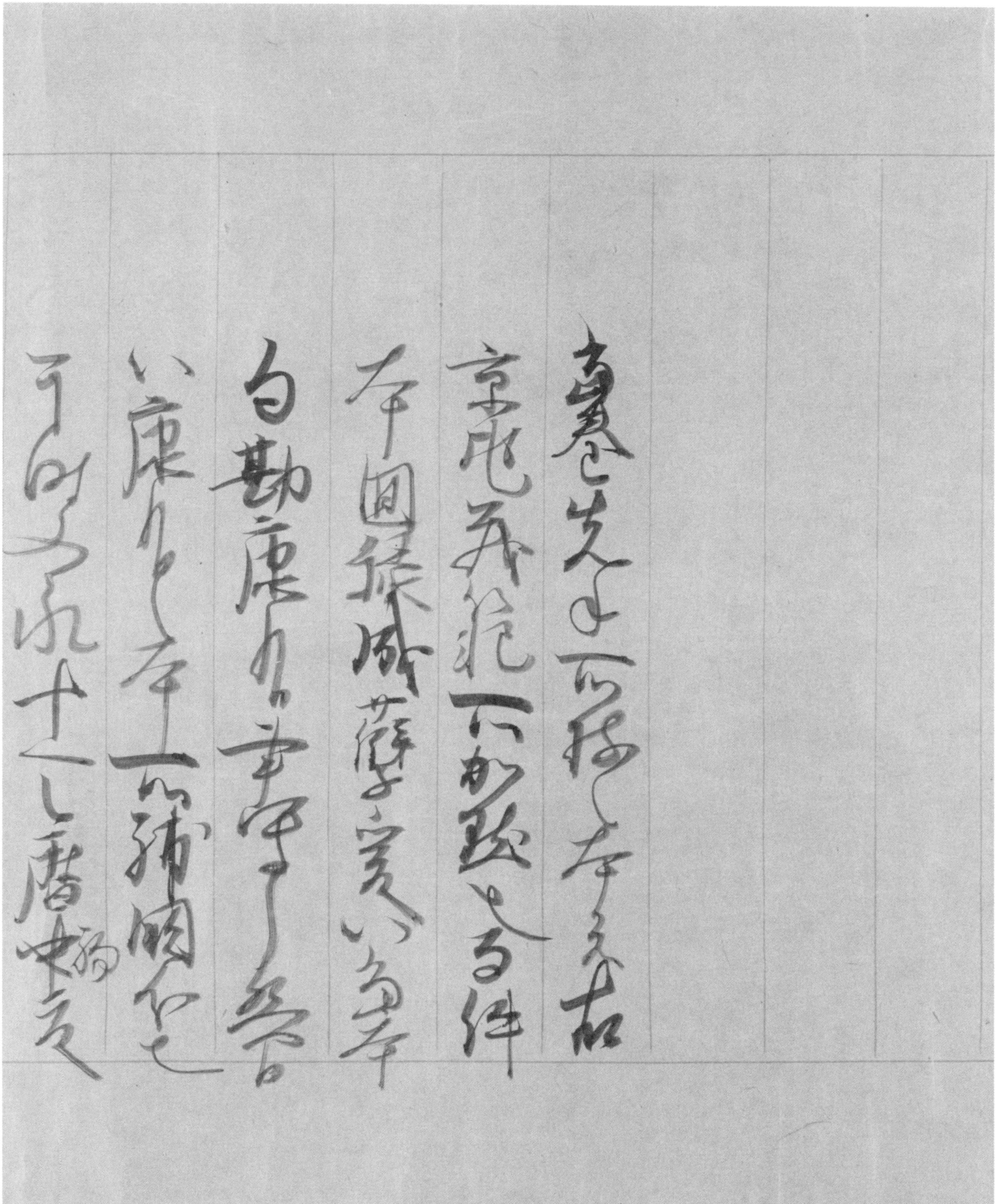

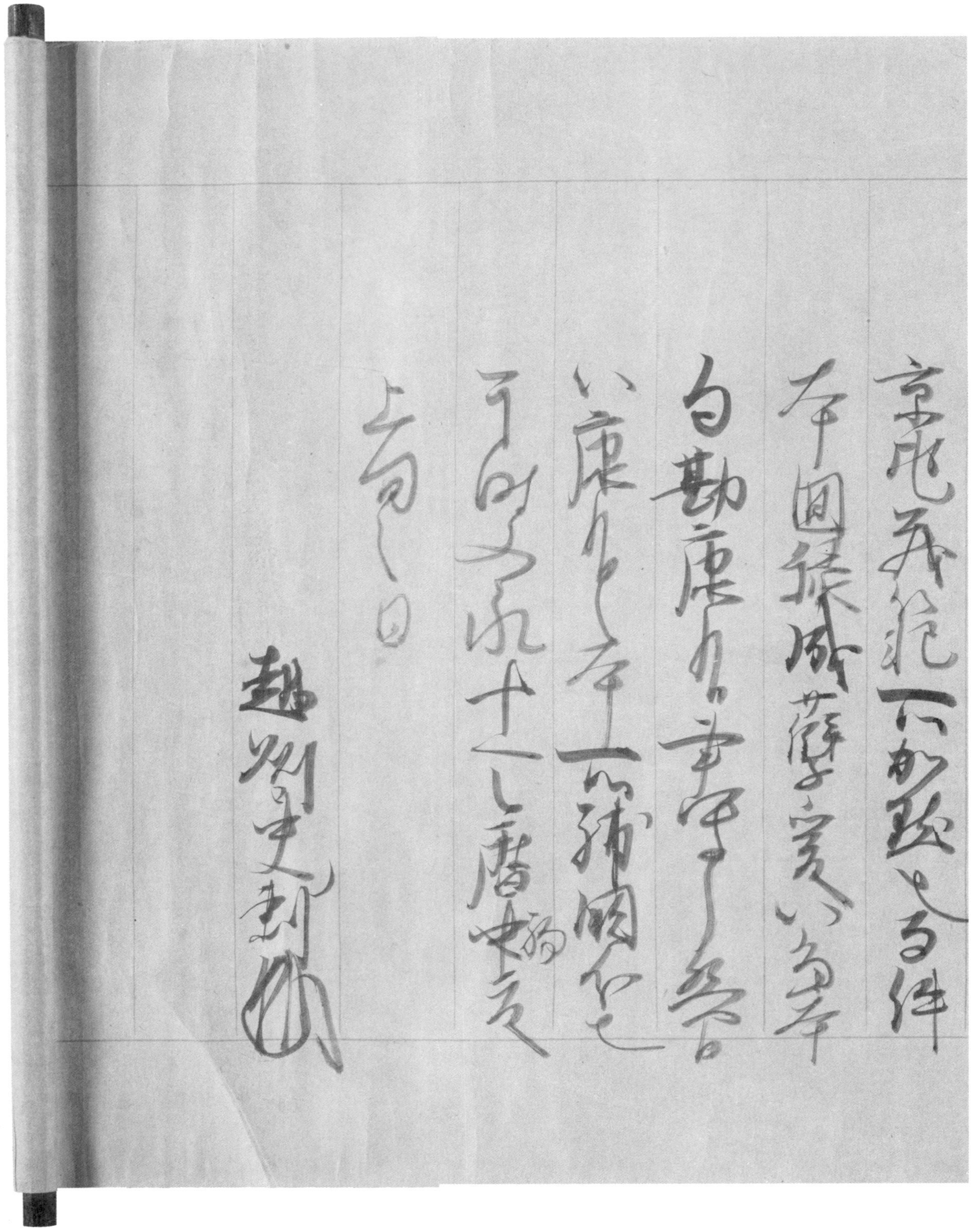

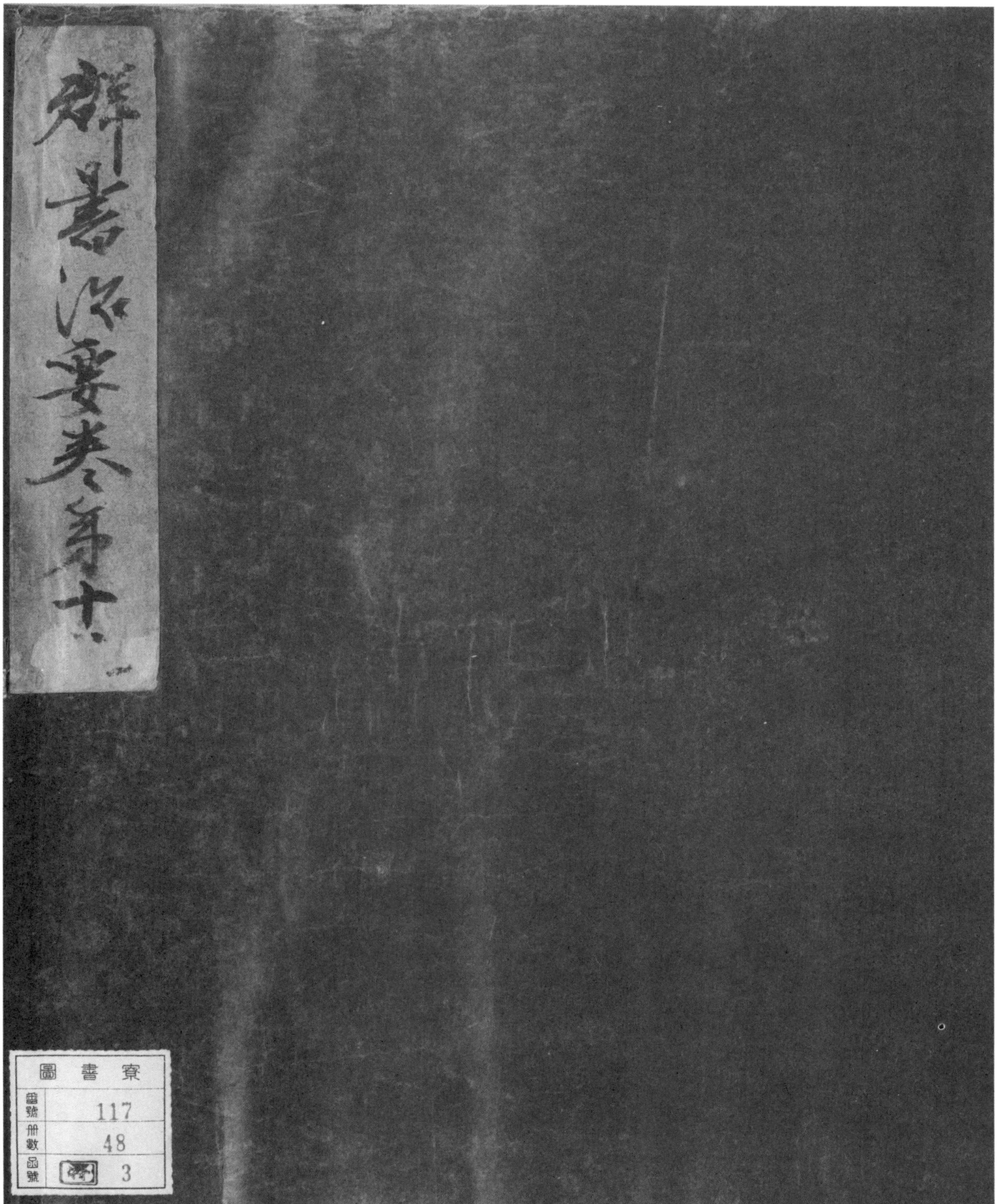
群書治要卷第十九
圖書寮
番號 117
冊數 48
函號 3

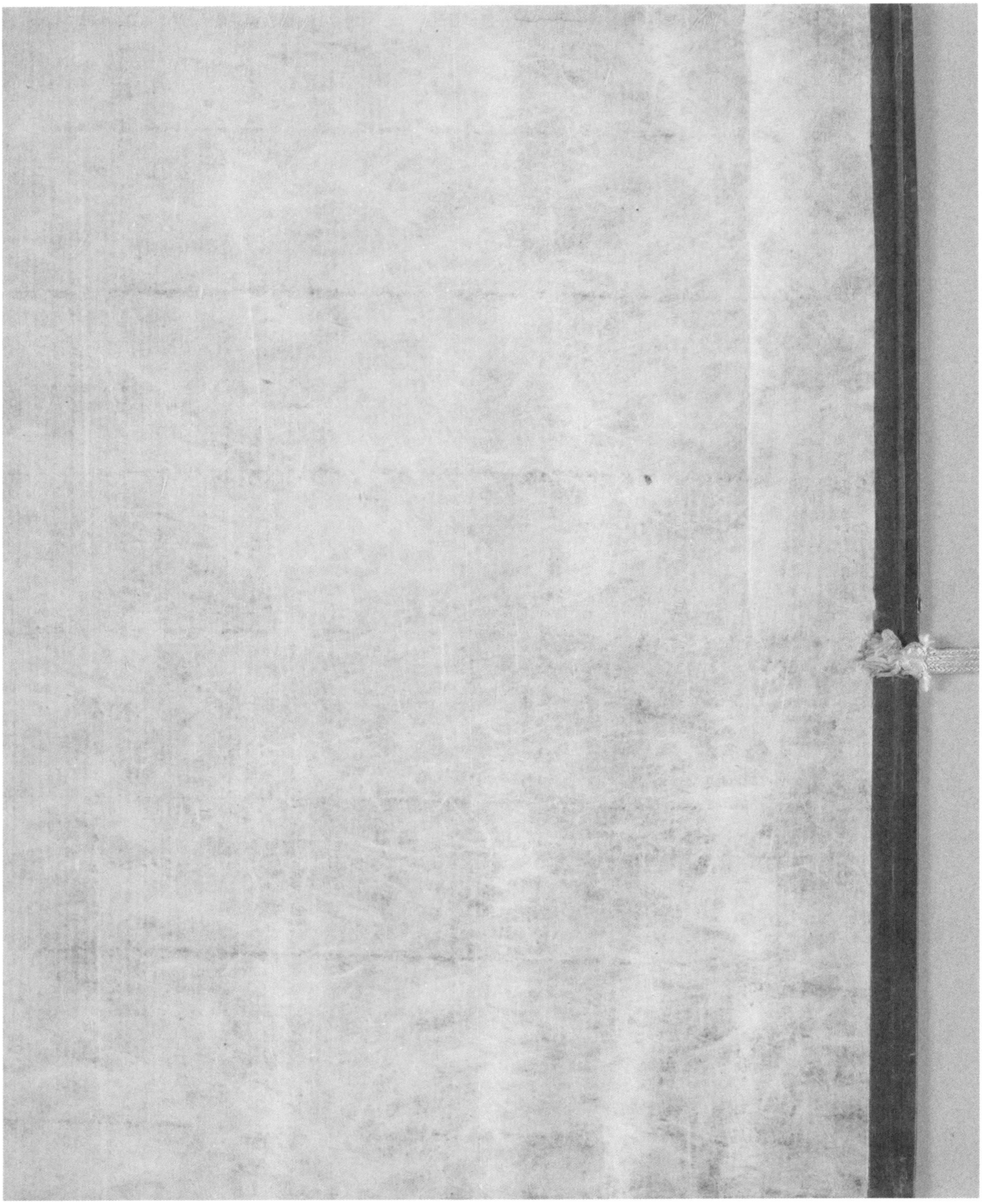

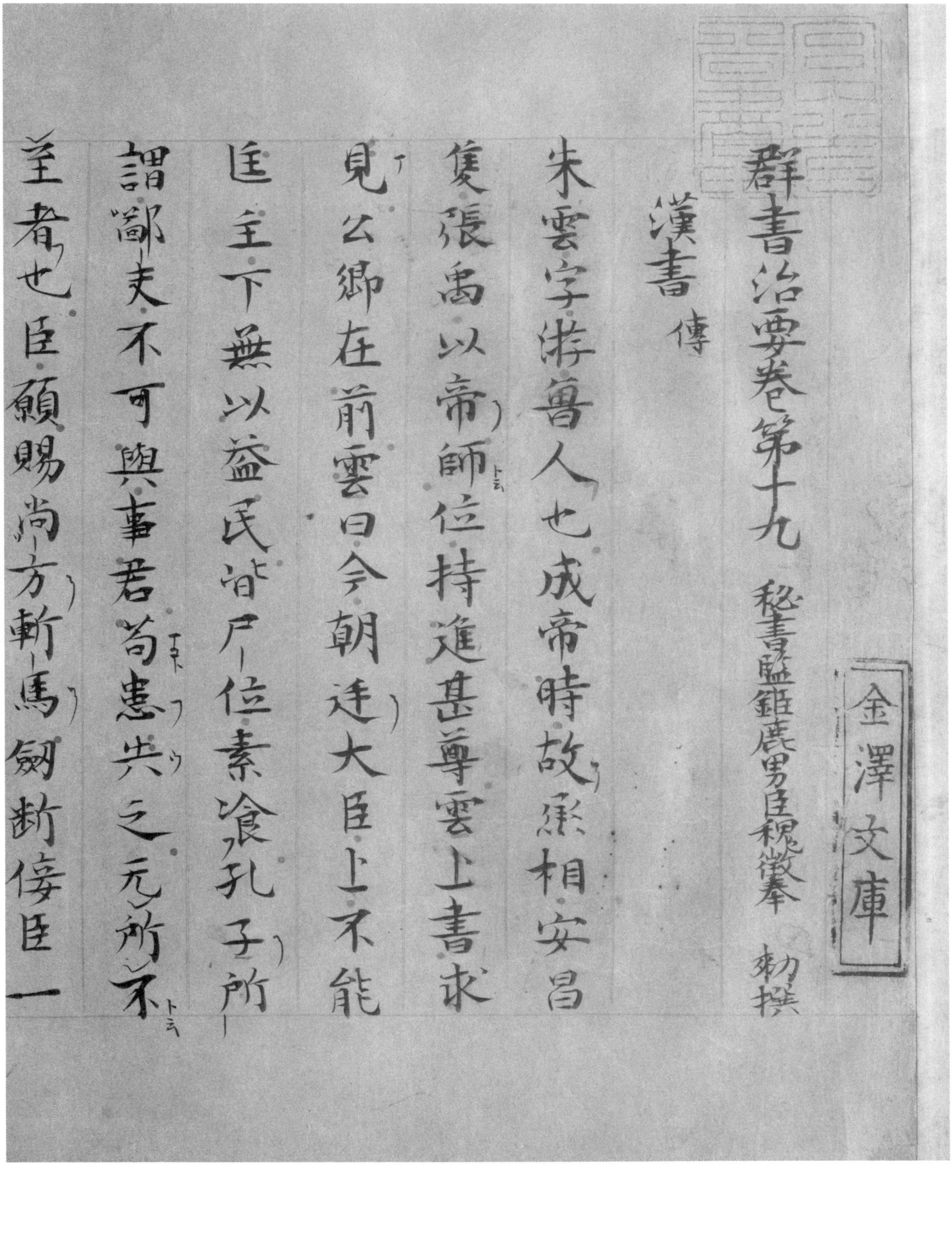

群書治要巻第十九　秘書監鉅鹿男臣魏徵等奉　勅撰
漢書　傳
朱雲字游魯人也成帝時故丞相安昌
侯張禹以帝師位特進甚尊重雲上書求
見公卿在前雲曰今朝廷大臣上不能
匡主下無以益民皆尸位素飡孔子所
謂鄙夫不可與事君苟患失之亡所不
至者也臣願賜尚方斬馬劍斷佞臣一

至者也臣願賜尚方斬馬劔斷佞臣一
人以厲其餘上問誰也對曰安昌
侯張禹上大怒曰小臣居下訕上廷辱
師傅罪死不赦御史將雲下雲攀檻檻
折雲呼曰臣得下從龍逄比干遊於地
下足矣未知聖朝何如耳御史遂將雲
去於是將軍辛慶忌免冠解印綬叩頭
殿下曰此臣素著狂直於世使其言是
不可誅其言非固當容之臣以死爭慶

不可誅其言非固當害之臣以死爭慶
忌叩頭流血上意解然後得已及後當
治殿檻上曰勿易因而輯之以旌直臣
雲自是之後不復仕

【第二紙】

梅福字子真九江人也成帝委任大將
軍王鳳而京兆尹王章素忠直譏鳳
爲鳳所誅羣下莫敢正言故福上書曰
臣聞箕子陽狂於殷而爲周陳洪範叔
孫通遯秦歸漢制作儀品夫叔孫先

孫通遯秦歸漢制作儀品夫休孫生先
非不忠也其子非疏其家而叛親也不
可爲言也昔高祖納善若不及從諫若
轉圜聽言不求其能舉功不考其素陳
平起於亡命而爲謀主韓信拔於行陣
而建上將故天下之士雲合歸漢爭進
奇異智者竭其策愚者盡其慮勇士極
其節怯夫勉其死合天下之智并天下
之威是以舉秦如鴻毛取楚若拾遺此

之威是以舉秦如鴻毛取楚若拾遺此
高祖所以無敵於天下也士者國之重
器得士則重失則輕詩云濟濟多士文
王以寧廟堂之議非草茅所當言也臣
誠恐身塗野草屍并卒伍故數上書求
見輒報罷臣聞齊桓之時有以九九見
者桓公不逆欲以致大也今臣所言非
特九九陛下拒臣者三矣此天下士所
以不至也今陛下既不納天下之言又

【第三紙】

以不至也今陛下旣不納天下之言又
加戮焉夫鵲遭害則仁鳥增逝愚者
蒙戮則智士深退閒者愚民上疏多觸
不急之法或下廷尉而死者衆自陽朔
以來天下以言爲諱朝廷尤甚群臣承
順上指莫有執正何以明其然也取民
所上書陛下之所善者試下之廷廷尉
尉必曰非所宜言大不敬以此卜之一
矣故京兆尹王章資質直敢面引廷爭

矣故京兆尹王章資質直敢面引廷爭孝元皇帝擢之以厲具臣而矯曲朝及至陛下戮及妻子惡惡止其身王章非有反叛之辜而殃及家折直士之節結諫臣之舌羣臣皆知其非然不敢爭天下以言為戒最國家之大患也

雋不疑字曼倩勃海人也為京兆尹吏民敬其威信始元五年有一男子乘黃犢車建黃旐衣黃襜褕著黃冒詣北闕自

犢車建黄衣黄襜褕著黄冒詣北闕自
謂爲衞太子詔使公卿將軍雜識視長
安中吏民聚觀者數万人右將軍勒兵
闕下以備非常丞相御史中二千石至
者立莫敢發言不疑後到叱從吏使收
縛或曰是非未可知且安之不疑曰昔
蒯聵違命出奔輒拒而不內春秋是之
衞太子得罪先帝亡不卽死今來自詣
此罪人也遂送詔獄天子與大將軍霍

此罷人也遂送詔獄天子與大将軍霍
光聞而喜之曰公卿大臣當用經術明
於大誼由是名聲重於朝廷在位者皆
自以不及也廷尉驗治竟得姧詐
疏廣字仲翁東海人也為太子大傅兄
子受為少傅太子外祖父平恩侯許伯
以為太子幼白使其弟中郎将舜監護
【第四紙】
太子家上以問廣廣對曰太子國儲副
君師友必於天下英俊不宜獨親外家

君師友必於天下英俊不宜獨親外家且太子自有太傅官屬已備今復使舜護太子家示陋非所以廣太子德於天下也上善其言以語丞相魏相免冠謝曰此非臣等所能及廣由是見器重

于定國字曼倩東海人也其父于公為郡決曹決獄平羅文法者于公所決皆不恨郡中為之生立祠名曰于公祠定國少學法於父為廷尉其決疑平法務

國少學法於父為廷尉其決疑平法務在哀矜罪疑從輕加審慎之心朝廷稱之曰張釋之為廷尉天下無冤民于定國為廷尉民自以為不冤遷御史大夫為丞相始國父于公其閭門壞父老方共治之于公謂曰少高大閭門令容駟馬高蓋車我治獄未嘗有所冤子孫必有興者至定國為丞相子永御史大夫封侯傳世云

【第五紙】

封爰傳世云
薛廣德字長卿沛郡人也爲人温雅及
爲三公直言諫爭成帝幸甘泉郊泰時
礼畢因留射獵廣德上書曰竊見關東
困極民人流離陛下日種亡秦之鐘聽
鄭衛之樂臣誠悼之今士卒暴露從官
勞倦願陛下亟反宫思與百姓同憂樂
天下幸甚上即日還其秋上酎祭宗廟
出便門欲御樓船廣德當乘輿車免冠

出便門欲御樓船廣德當乘輿車免冠
頓首曰宜從橋詔曰大夫冠廣德曰陛
下不聽臣〻自刎以血汙車輪陛下不
入廟矣上不悅先敺光祿大夫張猛進
曰臣聞主聖臣直乘船危就橋安聖主
不乘危御史大夫言可聽乃從橋
王吉字子陽琅邪人也爲諫大夫是時
宣帝頗脩武帝故事宮室車服於昭帝
時外戚許史王氏貴寵而上躬親政事

時外戚許史王氏貴寵而上躬親政事任用能吏吉言得失曰陛下揔萬方帝王圖籍日陳於前惟思世務將與太平詔書每下民欣然若更生臣伏而思之可謂至恩未可謂本務也欲治之主不出公卿幸得遭遇其時言聽諫從然未有建萬世之長策舉明主於三代隆者也其務在於期會簿書斷獄聽訟而已此非太平之基也臣聞聖王宣德流化

【第六紙】

此非太平之基也臣聞聖王宣德流化
必自近始朝廷不備難以言治左右不
正難以化遠民者弱而不可勝愚而不
可欺也聖主獨行於深宮得則天下稱
誦之失則天下咸言之行發於近必見
於遠謹選左右審擇所使左右所以正
身也所使所以宣德也今俗吏所以牧
民者非有礼義科指可世々通行者也
獨設刑法以守之其欲治者不知所由

獨設刑法以守之其欲治者不若所由
以意穿鑿各取一切是以百里不同風
千里不同俗詐偽萌生刑罰無極質樸
日銷恩愛浸薄孔子曰安上治民莫善
於礼非空言也臣願陛下承天心發大
業與公卿大臣延及儒生述舊礼明王
制毆一世之人濟之仁壽之域則俗何
以不若成康壽何以不若高宗竊見當
世趍務不合於道者謹條奏唯陛下裁

世趣務不合於道者謹條奏唯陛下裁
擇焉吉意以爲漢家列侯尚公主諸侯
則國人承翁主（取天子女則尚公主國人娶諸侯女曰承翁主）
也使男事女夫詘於婦逆陰陽之位故
多女亂古者衣服車馬貴賤有章以褒
有德而別尊卑今上下僭差人人自制
是故貪財趣利不畏死亡周之所以能
致刑措而不用者以其禁邪於冥冥絕
惡於未萌也又言舜湯不用三公九卿

【第七紙】

惡於未萌也又言舜湯不用三公九卿之世而舉皋陶伊尹不仁者遠今使吏得任子弟（漢舊子弟以父兄任爲郎）率多驕慠不通古今至於積功治人無益於此伐檀所爲作也宜明選求賢除任子之令外家及故人可厚以財不宜居位去角抵減樂府省尚方明視天下以儉民見儉則歸本本立而末成其指如此上以其言迂闊不甚寵異也吉遂謝病歸

廷闕不甚寵異也吉遂謝病歸

貢禹字少翁琅耶人也元帝初即位徵爲諫大夫數虚己問以政事是時年歲不登郡國多困禹奏言古者宮室有制宮女不過九人秣馬不過八匹墻塗而不雕木摩而不刻車輿器物皆不文畫苑不過數十里與民共之任賢使能什一而税無他賦斂徭戍之役使民歲不過三日故天下家給人足頌聲作至高

過三日故天下家給人足頌聲作至高
祖孝文孝景循古節儉宮女不過十餘
人廄馬百餘匹孝文皇帝衣綈履革器
無雕文金銀之餙後世爭為奢轉〻益
甚臣下亦相放効衣服亂於主上甚非
宜然非自知奢僭也今大夫僭諸〻侯
侯僭天〻子〻過天道其日久矣承襄
極亂矯復古化在於陛下臣愚以為盡
如大古難宜少効古以自節焉方今宮

【第八紙】

如大古難宜少劾古以自節焉方今宮
室已定無可奈何矣其餘盡可減損故
時齊三服官輸物不過十笥方今齊三
服官一歲費數鉅萬蜀廣漢主金銀器
歲各用五百萬三工官〻費五千萬河内
懐蜀郡成廣漢皆有工官〻主漆器物東西織室亦然厩
馬食粟將萬疋臣禹嘗從之東宮見賜
林案盡文盡金銀飾非當所爲大飢餓
死者是也今民大飢而死人至相食而

死者是也今民大飢而死人至相食而廏馬食粟苦其大肥氣盛怒至乃日出作之王者受命於天爲民父母固當若此乎天不見邪武帝時又多取好女至數千人以塡後宮及棄天下昭帝幼弱霍光專事不知禮正妄多藏金錢財物鳥獸魚鼈凡百九十物盡瘞藏之又皆取後宮女置於園陵大失禮逆天心昭帝晏駕光復行之至孝宣皇帝時群

昭帝晏駕先復行之至孝宣皇帝時群
臣亦隨故事甚可痛也故使天下成化
及衆庶葬埋皆虛地上以實地下其過
自上生皆在大臣循故事之自辠也唯
陛下深察古道從其儉者大減損乘輿
服御器物三分去二審察後宮擇其賢
者留廿人餘悉歸之諸陵園女無子者
宜皆遣廄馬可無過數十匹獨舍長安
城南苑地以爲田獵之囿自城西南至

【第九紙】

城南菀地以爲田獵之囿自城西南至
鄠皆復其田以與貧民方今天下飢饉
可無大自損減以救之稱天意乎天生
聖人蓋爲万民非獨使自娯樂而已也
當仁不讓獨可以聖心叅諸天地揆之
往古不可與臣下議也臣愚不勝拳拳
不敢不盡愚心天子納善其忠乃下詔
令太僕減食穀馬水衡減食肉獸省宜
春下菀以與貧民又罷角抵諸戲及齊

春下苑以與貧民又罷角抵諸戲及齊
三服官遷禹爲光祿大夫禹又言孝文
皇帝時貴廉潔賤貪汙賞善罸惡不阿
親戚罪白者伏其誅疑者以與民無贖
罪之法故令行禁止海内大化與刑措
無異武帝始臨天下尊賢用士闢地廣
境數千里自見功大威行遂縦嗜欲
用度不足乃一切之變使犯法者贖罪
入穀者補吏是以天下奢侈官亂民貧

入穀者補吏是以天下奢侈官亂民貧盜賊並起亡命者衆郡國恐伏誅則擇便巧史書習於計簿能欺上府者以為右職姦宄不勝則取勇猛能操切百姓以苛暴威服下者使居大位故無義而有財者顯於世欺謾而善書者尊於朝誖逆而勇猛者貴於官故俗皆曰何以孝悌為財多而光榮何以禮義為史書而仕宦何以謹慎為勇猛而臨官故黥

而仕何以謹慎為勇猛而臨官故黥
劓而髡鉗者猶復攘臂為政於世而行
雖犬彘家富勢足自指氣使是為賢耳
謂居官而致富者為雄桀處姦而得利
者為壯士兄勸其弟父勉其子俗之壞
敗乃至於是察其所以然者皆以犯法
【第十紙】
得贖罪求士不得真賢相守崇財利誅
不行之所致也今欲興至治太平宜除
贖罪之法相守選舉不以實及有臧者

贖罪之法相守選舉不以實及有臧者輙行其誅無但免官則爭盡力爲善貴孝悌賤賈人進眞賢舉實廉而天下治矣孔子匹夫之人耳以樂道正身不懈之故四海之内天下之君微孔子之言無所折中況乎以漢地之廣陛下之德處南面之尊因天地之助其於以變世易俗調和陰陽陶治萬物化正天下易於決流抑墜（墜物欲墜落也）自成康以來幾且

於決流抑墜墜物欲墜落也自成康以來幾且千歲欲為治者甚衆然而太平不復興者何也以其舍法度而任私意奢侈行而仁義廢也陛下誠深念高祖之苦醇法太宗之治正己以先下選賢以相輔開進忠正致誅姦臣遠放諂佞放出園陵之女罷倡樂絕鄭聲去甲乙之帳退偽薄之物脩節儉之化驅天下之民皆歸於農如此不解則三王可侔五帝可

歸於農如此不懈則三王可侔五帝可
及唯陛下留意有察天下幸甚上雖未
盡從嘉其質直之意而着其半
鮑宣字子都勃海人也為諫大夫以丁
傅子弟並進董賢貴幸上書諫曰竊見
孝成皇帝時外親持權人〻牽引所私

【第十一紙】

充塞朝廷妨賢人路濁乱天下奢泰無
度窮困百姓是以日蝕且十彗星四起
危亡之徵陛下所親見也今奈何反復

危亡之徵陛下所親見也今奈何反覆
劇於前乎朝臣無有大儒骨鯁白首耆
艾魁壘之士論議通古今喟然動
衆心憂國如飢渴者臣未見也敦外親
小童及幸臣董賢等在公門省戶下陛
下欲與此共承天地安海內甚難今俗
謂不智者爲能謂智者爲不能昔堯放
四罪而天下服今除一吏而衆皆惑古
刑人尚服今賞人反惑請寄爲姦羣小

刑人尚眼今賞人反或請寄為姦羣小日進國家空虛用度不足民流亡去城郭盜賊並起吏為殘賊歲增於前凡民有七亡陰陽不和水旱為災一亡也縣官重責更賦租稅二亡也貪吏並公受取不已三亡也豪強大姓蠶食無猒四亡也苛吏傜役失農桑時五亡也部落鼓鳴男女遮迾六亡也盜賊劫略取民財物七亡也七亡尚可又有七死酷

【第十二紙】

民財物七亡也七亡尚可又有七死酷
吏毆殺一死治獄深刻二死也冤陷無
辜三死也盜賊橫發四死也怨讎相殘五
死也歲惡飢餓六死也時氣疾疫七死
也民有七亡而無一得欲望國安誠難
民有七死而無一生欲望刑措誠難此
非公卿守相貪殘成化之所致邪羣臣
幸得居尊官食重祿豈有肯加惻隱於
細民助陛下流教化者邪志但在營私

細已助陛下流教化者邪志但在營私
家稱賓容爲姦利而已以苟容曲從爲
賢以拱默尸祿爲智謂如臣宣等爲愚
陛下擢臣巖穴誠冀有益豪毛豈徒欲
使臣美食大官重高門之地哉高門殿名
下乃皇天之天下也陛下上爲皇天子
下爲黎庶父母爲天牧養元元視之當
如一合尸鳩之詩今貧民菜食不厭衣
又穿空父子夫婦不能相保誠可爲酸

又穿空父子夫婦不能相保誠可為酸
鼻陛下不救將安所歸命奈何獨私
養外親與幸臣董賢多賞賜以大萬數
使奴從賓客漿酒霍肉視酒如漿視肉如霍也蒼
頭廬兒皆用致富非天意也漢名奴為蒼頭諸給
殿中者所居廬蒼頭侍從因呼廬兒及汝昌侯傅商無功
而封夫官爵非陛下之官爵乃天之官
爵也陛下取非其官官非其人而望天
悅民服不亦難乎治天下者當用天下

【第十三紙】

悦民服不亦難乎治天下者當用天下之心為心不得自專快意而已也上之皇天見譴下之黎庶見怨上以宣名儒優而納之宣復上書言陛下父事天母事地子養黎民即位以來父虧明母震動子訛言相驚恐今日蝕於三始（正月一日為歳之朝月之朝日之朝始猶朝）誠可畏懼小民正月朔日尚惡毀敗器物何況於日虧乎

魏相字弱翁濟陰人也為丞相帝與後

魏相字弱翁濟陰人也為丞相帝與後将軍趙充國等議欲因匈奴衰弱出兵擊其右地使不敢復擾西域相上書諫曰臣聞救亂誅暴謂之義兵兵義者王敵加於己不得已而起者謂之應兵兵應者勝争恨小故不勝憤怒者謂之忿兵兵忿者敗利人土地貨寶者謂之貪兵兵貪者破恃國家之大矜民之衆欲見威於敵者謂之驕兵兵驕者滅此非

見威於敵者謂之驕兵兵驕者滅此非但人事乃天道也間者匈奴常有善意所得漢民輒奉歸之未有犯於邊境雖爭田車師不足置意中今聞諸將軍欲興兵入其地臣愚不知此兵何名者也今邊郡困乏父子共犬羊之裘食草菜之實常恐不能自存難以動兵軍旅之後必有凶年言民以其愁苦之氣傷陰陽之和也出兵雖勝猶有後憂恐災害

【第十四紙】

陽之和也出兵雖勝猶有後憂恐灾害
之變因此以生今郡國守相多不實選
風俗尤薄水旱不時案今年計子弟殺
父兄妻殺夫者凡二百廿二人臣愚以
為此非小變今左右不憂此乃欲發兵
報纖介之忿於遠夷殆孔子所謂吾恐
季孫之憂不在顓臾而在蕭牆之内者
也願陛下與有識者詳議乃可上從相
言而止

言而止

丙吉字少卿魯國人也代魏相爲丞相吉本起獄法小吏及居相位尚寛大好礼讓掾史出逢清道群鬭者死傷横道吉過之不問掾史獨怪之吉前行逢人逐牛牛喘吉止駐使騎吏問逐牛行幾里矣掾史謂丞相前後失問或以譏吉吉曰闘相殺傷長安令京兆尹職所當禁備逐捕歳竟丞相課其殿最奏行賞罰

循逐捕歲竟丞相課其殿最奏行賞罰而已宰相不親小事非所當於道路問也方春少陽用事未可以熱恐牛近行用暑故喘此時氣失節恐有所傷害也三公典調和陰陽職所當憂是以問之掾史乃服以吉知大體

京房字君明東郡人也以孝廉為郎是時中書令石顯專權顯友人五鹿充宗為尚書令与房同經論議相非二人用

【第十五紙】

爲尚書令與房同經論議相非二人用事房嘗宴見問上曰幽厲之君何以危所任者何人也上曰君不明而所任巧佞房曰知其巧佞而用之耶將以爲賢也上曰賢之房曰然則今何以知其不賢也上曰以其時亂而君危知之房曰君是任賢必治任不肖必亂必然之道也幽厲何不覺寤而更求賢易爲卒任不肖以至於是上曰臨亂之君各賢其

不肖以至於是上曰臨亂之君各賢其
臣令皆覺寤天下安得危亡之君房曰
齊桓公秦二世亦嘗聞此君而非笑之
然則任竪刁趙高政治日亂盜賊滿山
何不以幽厲卜之而覺寤乎上曰唯有
道者能以往知來耳房因免冠頓首曰
春秋紀二百卌二年灾異以示万世之
君今陛下即位以來日月失明星辰乱
行山崩泉涌地震石隕夏霜冬雷春彫

行山崩泉涌地震石隕夏霜冬雷春彫
秋榮水旱螟蝗民人飢疫盜賊不禁刑
人滿市春秋所記災異盡備陛下視今
爲治邪乱邪房曰今所任用者誰與上曰然幸甚愈於彼又
以爲不在此人也房曰夫前世之君亦
皆然矣臣恐後之視今猶今之視前也
上良久乃曰今爲乱者誰哉房曰明主
宜自知之上曰不知也如知何故用之
房曰上最所信任與圖事帷幄之中進

房曰上冣所信任與圖事帷幄之中進
退天下之士者是矣房指謂石顯上亦
知之謂房曰已諭房罷出後石顯五鹿
充宗皆疾房欲遠之建言宜試以房為
郡守元帝於是以房為魏郡太守顯告
房與張博通謀非謗政治歸惡天子詿
【第十六紙】
誤諸侯王房博皆棄市
蓋寬饒字次公魏郡人也為司隸校尉
刺舉無所迴避公卿貴戚及郡國吏繇

刺舉無所迴避公卿貴戚及郡國吏繇使至長安莫敢犯禁京師爲淸爲人剛直高節志在奉公以言事不當意而爲文法吏所詆挫大夫鄭昌上書頌寬饒曰臣聞山有猛獸藜藿爲之不採國有忠臣姦邪爲之不起司隷校尉寬饒居不求安食不求飽進有憂國之心退有死節義上無許史之屬（許伯宣帝后父也史高宣帝外家之也）下無金張之託（金安上張子孺也）職在司

家之也下無金張之託金安上張子孫也軄在司
察直道而行多仇少與上書陳國事有
司劾以大辟臣幸得從大夫之後官以
諫為名不敢不言上不聽遂下寛饒吏
寛饒引佩刀自剄北闕下衆莫不憐之
諸葛豐字少季琅耶人也為司隷校尉
刺舉無所避侍中許章奢淫不奉法度
賓客犯事與章相連豐按劾章欲收之
章迫窘馳車去得入宮門自歸於是收

章迫窘馳車去得入宮門自歸於是拔
豐節上書謝曰臣豐駑怯文不足以勸
善武不足以執邪陛下拜為司隸校尉
未有以自效常願捐一旦之命而斷
姦臣之首懸於都市偏書其罪使四方
明知為惡之罰然後却就斧鉞之誅誠

【第十七紙】

臣所甘心也夫以布衣尚猶有刎頸之
交今以四海之大曾無伏節死義之臣
率盡苟合取容阿黨相為念私門之利

率盡為合取容阿黨相為念私門之利
忌國家之政邪穢溷濁之氣上感干心
是以灾變數見百姓困之此臣下不忠
之効也臣誠恥之無已凡人情莫不欲
安存而惡危亡然忠臣直士不避患害
者誠君為也臣竊不勝憤懣願賜清宴
唯陛下裁幸上不許是後所言益不用
豈復上書言臣聞伯奇孝而棄於親子
胥忠而誅於君隱公慈而殺於弟叔

胥忠而誅而於君隱公慈而殺於弟叔
武弟而殺於兄夫以四子之行屈乎之
材然猶不能自顯而被刑戮豈不足以
觀哉使臣殺身以安國蒙誅以顯君臣
誠願之獨恐未有云補而爲衆所排
令讒夫得遂正直之路擁塞忠臣組心
智士杜口此愚臣之所懼也
劉輔河間人也爲諫大夫會成帝欲立
趙婕妤爲皇后輔上封事曰今迺觸情

【第十八紙】

趙婕妤爲皇后輔上封事曰今迺觸情
縱欲傾於卑賤之女欲以母天下不畏
于天不媿于人惑莫大焉里語曰腐木
不可以爲柱卑人不可以爲主天人之
所不與必有禍而無福市道皆共知之
朝臣莫肯一言臣竊傷心自念得以同
姓拔擢尸祿不忠汙辱諫爭之官不敢
不盡死唯陛下察焉書奏上使侍御史
收縛掖庭祕獄群臣莫知其故於是左

收縛掖庭秘獄群臣莫知其故於是左
將軍辛慶忌右將軍廉褒光祿勳師丹
太中大夫谷永俱上書曰臣聞明王垂
寬容之聽崇諫爭之官廣開忠直之路
不罪狂狷之言然後百僚在位竭忠盡
謀不懼後患朝廷無諂諛之士元首無
失道之愆竊見諫大夫劉輔前以縣令
求見擢為諫大夫此其言必有卑詭切
至當聖心者故得拔至於此旬月之閒

至當聖心者故得拔至於此旬月之閒收下秘獄臣等愚以爲輔幸得託公族之親在諫臣之列新從下土來未知朝廷體獨觸忌諱不足深過小罪宜隱忍而繼有大惡宜暴治理官與衆共之今天心未豫（豫、悅豫也）灾異屢降水旱迭臻方當隆寬廣問褒直盡下之時也而行慘急之誅於諫爭之臣震驚群下失忠直心假令輔不坐直言所坐不著天下不

【第十九紙】

心假令輔不坐直言所坐不著天下不
可戶曉同姓近臣本以言顯其扵治親
養忠之義誠不宜幽囚于掖庭獄公卿
以下見陛下進用輔亟而折傷之暴人
有懼心莫敢盡節正言非所以昭有虞
之聽廣德美之風也臣等竊深傷之唯
陛下留神省察上迺減死罪
鄭崇字子游本高密人也哀帝擢爲尚
書僕射數求見諫爭上初納用之每見

書僕射數求見諫爭上初納用之每見
曳草履上咲曰我識鄭尚書履聲久之
上欲封祖母傅太后從弟商崇諫曰孝
成皇帝封親舅五侯天爲赤黄晝昏日
中有黒氣今祖母從昆弟二人侯孔鄉
侯皇后父高武侯以三公封尚有因緣
今無故復封商懐乱制度逆天人心非
傅氏之福也臣願以身命當咎崇因持
詔書案起持當受詔書案起去傅太后大怒曰何

詔書案起〔持當受詔 書案起去〕傅太后大怒曰何
有爲天子乃反爲一臣專制邪上遂下
詔封商爲汝昌侯崇又以董賢貴寵過
度數諫由是重得罪數以職事見責發
疾頸癰欲乞骸骨不敢尚書趙昌佞諂
素害崇知其見疏因奏崇與宗族通疑有
姦請治上責崇曰君門如市何以欲禁
切主上崇對曰臣門如市臣心如水願
得考覆上怒下崇獄窮治死獄中〔荀悦紀論〕

得者獲上怒下崇獄窮治死獄中　荀悅紀論
曰夫臣下之所以難言者何也言出乎
口則咎悔及之矣故舉過諫誨則剌上
之誠下言而當則恥其勝己也言而不
當則賤其愚也先己而同則惡其奪己
明也後己而同則爲順從也違下從上
則已爲諂諛也違上從下則以爲當同
也與衆共言則以爲順衆也違衆獨言
則以爲專美也言而淺露則簡而薄之
深妙弘遠則不知而非之特見獨知則
衆甚蓋之雖是而不見稱與衆同智則
以爲附也隨雖得之不以爲功據事盡
【第二十紙】
理則以爲專必謙讓不爭則以爲易窮
言而不盡則以爲懷隱進說竭情則謂
之不知量言而不効則受其怨責言而
事効則以爲固當也或利於上不利於
下或便於右不便於左不便於或令於

事効則以爲因當也或利於上不利於　下或便於右不便於左不便於或令於
前而忤於謀夫能應事當理決疑定亾　發情起意値所欲聞不審上下無妨於
時言立而策成始無咎悔若此之比百　不一過又智之所見万不一及也且化
顏冒死下之所難言也拂有忤情上之　所難聞也以難言之臣忤難聞之主以
万不及之智求百不一過ゝ時此下情　所以常不通也非唯君臣而已凡言亦
皆如之是乃仲尼所以發憤　衆歎稱吾欲無言者也
蕭望之字長倩東海人也爲諫大夫出
爲平原太守上疏曰陛下哀愍百姓恐
德化之不究悉出諫官以補郡吏所謂

德化之不究悉出諫官以補郡吏所謂憂其末而忘其本者也朝無爭臣則不知過國無達士則不聞善願陛下選明經術温故知新通於幾微謀慮之士以爲内臣與參政事諸侯聞之則知國家納諫憂政無有闕遺若此不怠成康之道其庶幾矣外郡不治豈足憂哉書聞徵入守少府爲御史大夫五鳳中匈奴大亂議者多曰匈奴爲害日久可因其

【第二十一紙】

大乱議者多曰匈奴為害日久可因其
壞乱擧兵滅之詔問望之對曰春秋晉
士匃帥師侵齊聞齊侯卒而還君子大
其不伐喪以為恩足以服孝子誼足以
動諸侯前單于慕化向善遣使請求和
親海内欣然夷狄莫不聞不幸為賊臣
所殺今而伐之是乗亂而幸災也彼必
奔走遠遯不以義動兵恐勞而無功宜
遣使者弔問輔其微弱救其災患四夷

遣使者存問輔其微弱救其災患四表
聞之咸貴中國之仁義必稱臣服從此
德之盛也上從其議宣帝寢疾選大臣
可屬者引外屬侍中史高太子太傅望
之少傅周堪至禁中拜高為車騎將軍
望之為前將軍堪為光祿大夫皆受遺
詔輔政孝元皇帝即位之堪本以師傅
見尊重數宴見言治亂陳王事望之選
白宗室明經達學劉更生與金敞並拾

白宗室明經達學劉更生與金敞並拾
遺左右四人同心謀議多所匡正中書
令弘恭石顯久典樞機與車騎將軍高
爲表裏論議持事不從望之等望之以
爲中書政本宜以賢明之選自武帝游
宴後庭故用宦者非國舊制又違古不
近刑人之義白欲更置士人由是大與
高恭顯逆恭顯令二人告望之等謀欲
罷車騎將軍疏退許史狀候望之出休

【第二十二紙】

罷車騎將軍踈退許史狀僕望之出休
曰令上之事下弘恭〻顯奏望之堪更
生朋黨相稱舉數譖大臣毀離親戚欲
以專擅權勢為臣不忠誣上不道請召
致廷尉時上初即位不省召致廷尉為
下獄也可其奏後上召堪更生曰繫獄
上大驚責恭顯皆叩頭謝上曰出令視
事恭顯因史高言上新即位而先驗師
傅既下獄宜因決免於是詔望之堪更

傳既下獄宜因決免於是詔望之堪更
生皆免爲庶人後數月賜望之爵關內
侯給事中恭顯等知望之素高節不詘
辱白望之前輔政欲專權擅朝幸得不
坐復賜爵邑與聞政事不悔過服罪深
懷怨望自以託師傅懷終不坐非頗詘
望之於牢獄塞其怏怏心則聖朝無以
施恩厚上曰蕭太傅素剛安肯就吏顯
等曰人命至重望之所坐語言薄罪必

等曰人命至重望之所坐語言薄罪必
無所憂上乃可其奏顯等封以付謁者
囙急發車騎馳圍其第使者至召望之
仰天嘆曰吾嘗備位將相年踰六十矣
老入牢獄苟求生活不亦鄙乎竟自殺
天子聞之驚拊手曰果殺吾賢傅是時
太官方上晝食上乃卻食爲之涕泣哀
慟左右顯等免冠謝良久然後已

【第二十三紙】

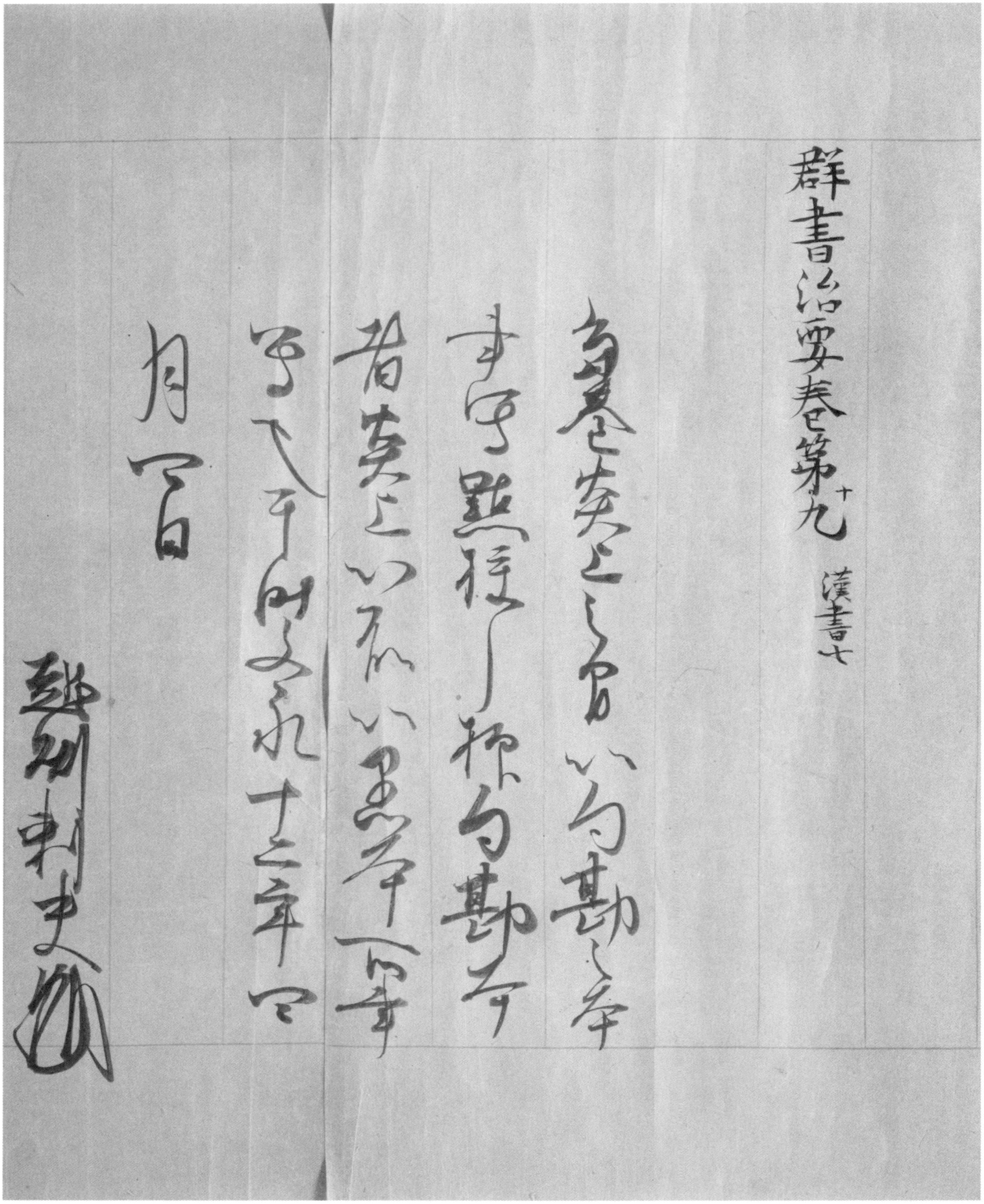

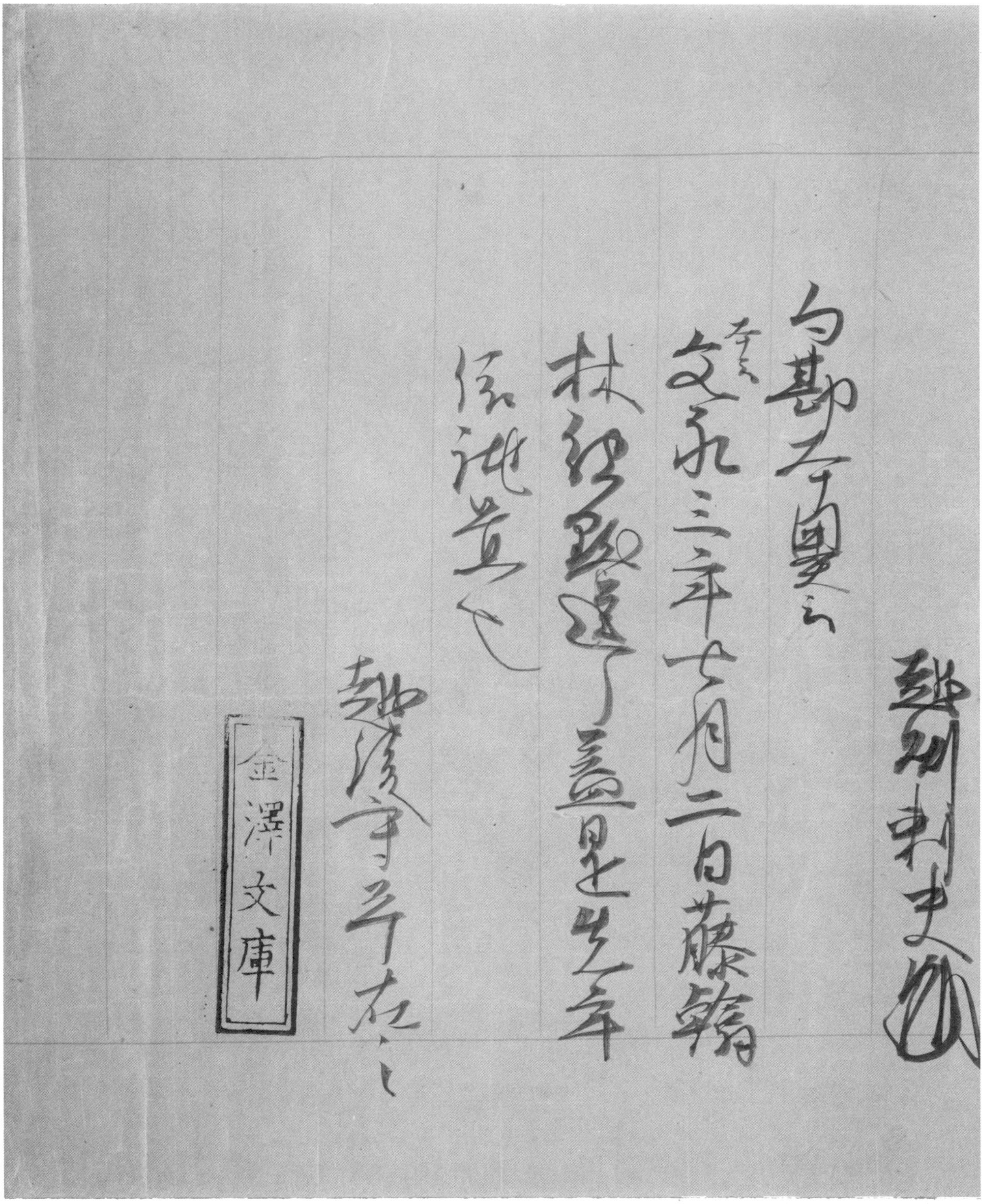

528 越州刺史（花押）

529 以勘本奥云

530 文永三年七月二日藤範

531 林紹點了 蓋是之年

532 信濃首也

533 越後守平在 ヽ

533

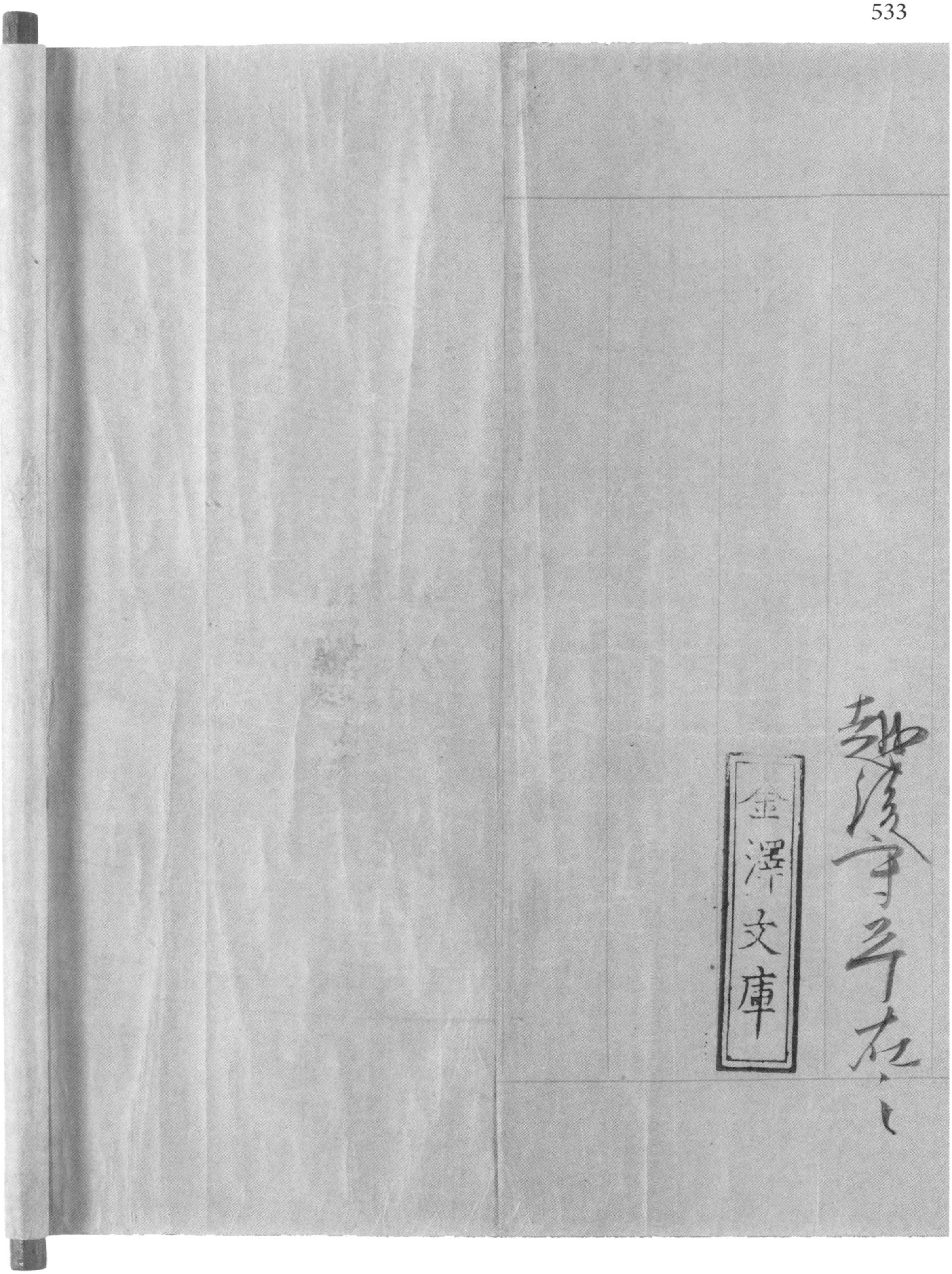

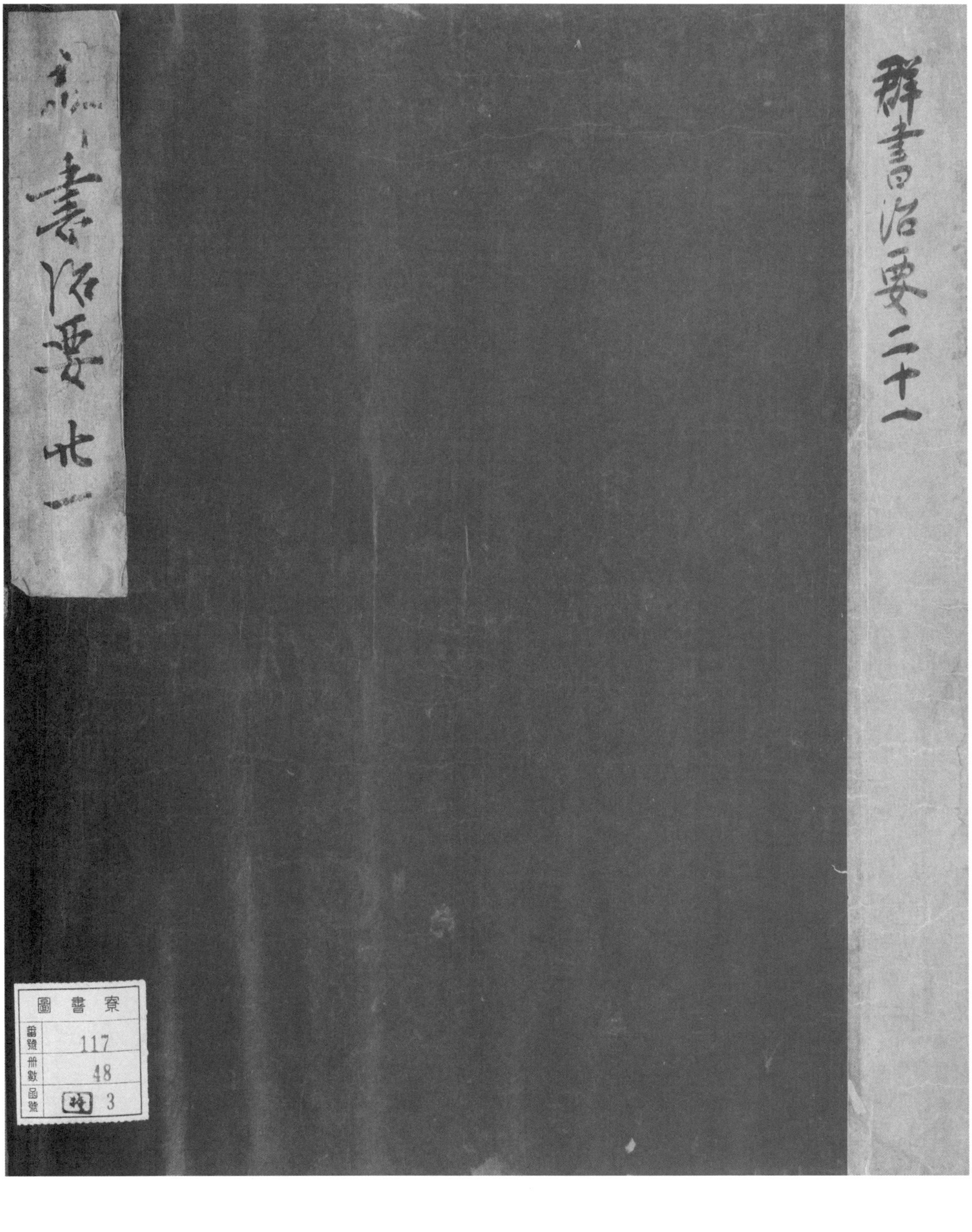
群書治要二十一
圖書寮
117
48
3

【第一紙】

群書治要卷第廿一　秘書監鉅鹿男臣魏徵等奉　勅撰

後漢書一　紀　列傳

世祖光武皇帝諱秀字文叔南陽
人高祖九世孫也更始元年遣世
祖行大司馬事北渡河鎮慰州
郡進至邯鄲故趙繆王子林以
卜者王郎爲天子都邯鄲二年進圍邯
鄲拔其城誅王郎收文書得吏

鄭校其城誅王郎校文書得吏
民與郎交關謗毀者數千章世祖爲
不省會諸將燒之曰令反側子自
安更始立世祖爲蕭王世祖擊
銅馬高湖重連悉破降之封其渠
帥爲列侯降者猶不安世祖勑令
各歸營勒兵乃自乘輕騎案行
部陳降者更相語曰蕭王推赤
心置人腹中安得不投死乎由

【第二紙】

心量人腹中安得不投死乎由
是皆服即皇帝位封功臣皆爲
侯大國四縣餘各有差博士丁
恭等議曰古帝王封諸侯不
過百里彊幹弱枝所以爲治也
今封諸將四縣不合法制帝曰
古之亡國者皆以無道未嘗
聞功臣地多而滅亡者也乃遣
謁者即授印綬建武十三年詔

諸者即授印綬　建武十三年詔曰往年已勑郡國異味不得有所獻御令猶未止非徒有豫養導擇之勞至乃煩擾道上疲費過所其令大官勿復受明勑宣下若遠方口實可以薦宗廟自如舊制　時兵革既息天下少事文書調役務從簡寡至乃十存一焉　十七年章陵脩園廟祠舊宅觀田廬置酒作

【第三紙】

陵循園廟祠舊宅觀田廬置酒作
樂賞賜焉時宗室諸母因酣悅相與
語曰文叔少時謹信與人不款曲唯
直柔耳今乃能如此帝聞之大笑
曰吾治天下亦欲以柔道行之求
一年鄯善王車師王等十六國遣
子入侍願請都護帝以中國初定
未遑外事乃還其侍子厚加賞賜
中元二年帝崩遺詔曰朕無益百

中元二年帝崩遺詔曰朕無益百
姓皆如孝文皇帝制度務從約省
初帝在兵間文厭武事且知天下
疲耗思樂息肩自隴蜀徵平後非警
急未嘗復言軍旅皇太子嘗問攻
戰之事帝曰昔衛靈公問陣孔子
不對此非爾所及也每旦視朝日
興乃罷數引公卿郎將講經論治
夜分乃寐皇太子見帝勤勞不怠

夜分乃寐皇太子見帝勤勞不怠
承間諫曰陛下有禹湯之明而失
黄老養性之福願頤養精神優游
自寧帝曰我自樂此不為疲也雖身
濟大業兢兢如不及故能明慎政
體總攬權綱量時度力舉無過事
退功臣而進文吏戢弓矢而散馬
牛雖道未方古斯亦止戈之武焉孝
明皇帝諱莊世祖第四子也永

【第四紙】

明皇帝諱莊世祖第四子也永平二年春宗祀光武皇帝於明堂禮畢登靈臺詔曰朕以闇陋奉承大業親執珪璧恭祀天地御惟先帝受命中興撥亂反正以寧天下封泰山建明堂立辟雍起靈臺恢弘大道被之八極而胤子無成康之質群臣無呂旦之謀盥洗進爵踧踖惟慙其令天下自殊死以下謀反

惟懃其令天下自殊死以下謀反
大逆皆赦除之冬幸辟雍初行養老
禮詔曰三老李躬年耆學明五更桓
榮授朕尚書詩曰無德不報其賜榮
爵關內侯食邑五千戶三老更五皆以
二千石祿養終厥身其賜天下三
老酒人一石肉卅斤有司其存耆
耋恤幼孤惠鰥寡稱朕意焉
六年詔曰先帝詔書禁臣上事言

【第五紙】

六年詔曰先帝詔書禁臣上事言
聖而聞者章奏頗多浮辭自今若
有過稱虛譽尚書皆宜抑而勿省
亦不爲謟子嗤也八年日有蝕之
詔曰朕以無德奉承大業而下胎民
怨上動三光日蝕之變其災尤大永
思厥咎在予一人群司勉脩職事極
言無諱於是在位皆上封事各陳得失
帝覽章深自引咎乃以所上班示百官

帝覽章深自引咎乃以所上班示百官詔曰群寮所言皆朕之過人冤而不能理吏黠不能禁而輕用民力繕治宮宇出入無節喜怒過差永覽前戒竦然兢懼徒恐薄德久而致怠耳十二年詔曰昔曾閔奉親竭歡致養仲尼葬子有棺無槨喪貴致哀禮存寧儉今百姓送終之制競爲奢靡生者無擔石而財力盡於墳土伏臘無糠

者無擔石而財力盡於債土伏臘無糠
糟而牲牢兼於一奠糜破積世之業以
供終朝之費子孫飢寒絶命此豈祖
考之意哉又車服過制恣極耳目田
荒不耕浮食者衆有司其申明科禁
宜於今者宣下郡國十八年帝崩遺詔
無起寢廟藏主於光烈皇后更衣別
室帝遵奉遠武制度事無違者後宮
之家不得封侯與政館陶公主爲子求

【第六紙】

之家不得封侯與政館陶公主爲子求
郎不許而賜錢千萬謂群臣曰郎官上
應列宿出宰百里有非其人則民受其殃
是以難之故吏稱其官民安其業遠近肅
服戶口滋殖焉論曰明帝善刑理法令分
明日晏坐朝幽枉必達外內無倖曲之
私在上無矜大之色斷獄得情號居前
世十二故後之言事者莫不先建武永平
之政孝章皇帝諱炟明帝第五子也少寬容

之政孝章皇帝諱炟帝第五子也少寛容
好儒術顯宗器重之建初元年詔曰朕以
无德奉承大業夙夜慄慄不敢荒寧而
災異仍見與政相應朕既不明涉道日
寡又選舉乖實俗吏傷民官職耗亂刑
罰不中可不憂與昔仲弓季氏之家
臣子游武城之小宰孔子猶誨以賢才問
以得人明政无小大以人為本郷舉里選必
累功勞今刺史守相不明直偽茂才孝

【第七紙】

累功勞令刺史守相不明直僞茂才孝
廉歳以百數既非能顯而當授之政事
甚元謂也毎尋前世擧人貢士或起甽
畝不繫閥閲敷奏以言則文章可採明
試以功則治有異迹文質斌々朕甚嘉之
其令太傅三公中二千石二千石郡国守相擧
賢良方正能直言極諫之士各一人四
年詔於是下大常将大夫博士議
郎々官及諸王諸儒會白虎觀講議

郎〻官及諸王諸儒會白虎觀講議
五經同異帝親稱制臨決焉　七年
詔曰車駕行秋稼觀收穫因涉郡界皆
精騎輕行无他輜重不得輙修道橋
遠離城郭遣吏逢迎刺探起居出入
前後以爲煩擾也動務省約但患不能
脫粟瓢飲耳所過欲令貧弱有利无違
詔書元和二年詔曰令云民有産子者
復勿筭三歳令諸懷妊者賜胎養穀

復勿算三歲令諸懷妊者賜胎養穀
人三斛復其夫勿算一歲著以爲令
又詔曰方春生養萬物孚甲宜助
萌陽以育時物其令有司罪非殊死且
勿案驗及吏民條書相告不得聽受冀以
息事寧民敬奉天氣立秋如故夫俗吏
矯飾外貌似是而非揆之人事則悅耳
論之陰陽則傷化朕甚饜之甚苦之安
靜之吏悃愊無華日計不足月計有

【第八紙】

靜之吏悃愊无華日計不足月計有
餘如襄城令劉方吏民同聲謂之不煩
雖未有他異斯亦殆近之矣間勑二千
石尚寬明而今富姦行賂於下貪吏
枉法於上使有罪不論而无過被刑甚大
逆也夫以苛爲察以刻爲明以輕爲德以
重爲威四者或興則下有怨心吾詔書
數下冠蓋接道何吏不加治民或失職
其咎安在勉思舊令稱朕意焉又詔曰

其咎安在勉思舊令稱朕意焉又詔曰
律十二月立春不以報囚月令冬至之後
有順陽助生之文而無鞫獄斷刑之政
朕諮訪儒雅稽之典籍以爲王者生殺
宜順時氣其定律無以十一月十二月報囚
三年春北巡狩勅侍御史司空曰方
春所過無得有所伐殺車可以引避
〻〻之騑馬可輟解之詩云敦彼行葦羊
牛勿踐履礼人君伐一草木不時謂之

牛勿踐履，礼人君伐一草木不時謂之
不孝。俗知順人，莫知順天。其明稱朕
意。論曰：魏文帝稱明帝察之，章帝
長者。章帝素知民厭明帝苛切，事
從寬厚。感陳寵之議，除慘獄之科，深元
元之愛，著胎養之令，割裂名都，以崇建
周親。平傜簡賦，而民賴其慶。又體之
以忠恕，文之以礼樂。故乃蕃輔尅諧，
群后德讓。謂之長者，不亦宜乎。在位

群后德讓謂之長者不亦宜乎在位十三年郡國所上符瑞合於圖書者數百千所嗚呼懋哉也　孝和帝諱肇章帝第四子也在位十七年而崩齊民歲增闢土日廣每有災異輙延問公卿極言得失前後符瑞八十一所自稱德薄皆抑而不宣舊南海獻龍眼荔支十里一置五里一候奔騰阻險死者繼路南海乃上書陳狀帝下詔曰遠國珍羞本以奉宗

書陳狀帝下詔曰遠圖孫謀本以奉宗
廟當有傷害愛民之本耶其勑大官
勿復受獻由是遂省 皇后紀序
夏殷以上后妃之制其文略矣周礼王
者立后三夫人九嬪廿七世婦八十一女
御以備內職焉后正位宮闈同體天王夫
人坐論婦礼九嬪掌教四德世婦主知
喪祭賓客女御序于王之燕寢頒官
分務各有典司女史彤管記功書過居

【第十紙】

分務各有典司女史彤管記功書過居
有保阿之訓動有環佩之響進賢才以
輔佐君子哀窈窕而不淫其色所以能
述宣陰化脩成內則閨房肅雍險謁
不行者也故康王晚朝關雎作諷宣
后晏起姜氏請愆及周室東遷礼序彫
缺諸侯僭縱軌制无章齊桓有如夫人
者六人晉獻升戎女為元妃終於五子
作亂冢嗣遘屯爰逮戰国風憲逾薄

作亂家嗣遷乞爰逮戰国風憲愈薄
適情任欲顛倒衣裳以至破国亡身不可
勝數斯固輕禮施防先色後德者也秦
并天下多自驕大宮備七国爵列八品
漢興因循其号而婦制莫釐高祖帷
薄不脩孝文衽席無辯而選納尚簡
飾玩少華自武元之後世増淫費至乃
掖庭三千増級十四妖倖毀政之符外
姻亂邦之迹前史載之詳矣及光武中

【第十一紙】

姻亂邦之迹前史載之詳矣及光武中
興刻彫為樸六宮稱号唯皇后貴人金
印紫綬俸不過粟數十斛又置美人
宮人采女三等並無爵秩歳時賞賜充
給而已明帝聿遵先旨宮教頗脩登建
嬪后必先令徳内无出閫之言權无私
溺之授可謂矯其弊矣雖御己有度而防
閑未篤故孝章以下漸用色授恩隆
好合遂忘淄蠹自古雖主幼時艱王家

好合遂忘滔盡自古雖主幼時艱王家
多釁必委成冢宰簡求忠賢未有專
任婦人斷割重器唯秦芉太后始攝政
事故穰侯權重於昭王家富於嬴國漢
仍其謬知患莫改東京皇統屢絕權
歸女主外立者四帝臨朝者六后莫不定
策帷帟委事父兄貪孩童以久其政抑
明賢以專其威任重道悠利深禍速身
犯霜露於雲臺之上家嬰縲紲於圄犴

犯霜露於雲臺之上家嬰縲紲於圄犴之下湮滅連踵傾輈繼路而赴蹈不息燋爛為朝終於淩夷大運淪亡神寶詩書所歎略同一揆故考列行跡以為皇后本紀云尒 明德馬皇后諱伏波將軍援之小女也永平三年立為皇后既正位宮闈愈自謙肅能誦易好讀春秋楚辭尤善周官董仲舒書常衣大練裙不加緣諸姬主朝請望見后袍衣踈麤以

【第十二紙】

不加緣諸姫主朝請望見后袍衣踈麤反以
為綺縠就視乃笑后曰此繒特宜染色故
用之耳六宮莫不歎息時楚獄連年不
斷因相證引坐繫者甚衆后慮其多
濫乘間言及惻然帝感之多有降宥
多所毗補而未嘗以家私干故寵敬
日隆始終无衰自撰顯宗起居注削去
兄防參醫藥事帝請曰黃門舅旦夕
供養且一年既无褒異又不錄勤勞无

供養且一年既无褒異又不録勤勞无
乃過乎太后曰吾不欲令後世聞先帝親
數後宮之家故不着也帝欲封爵諸舅
太后不聽明年夏大旱言事者以爲不
封外戚之故有司因此上奏宜依舊
典太后詔曰凡言事者皆欲媚朕以要
福耳昔王氏五侯同日俱封其時黄霧
四塞不聞澍雨之應又田蚡竇嬰寵貴
横恣傾覆之禍爲世所傳故先帝防

【第十三紙】

横恣傾覆之禍爲世所傳故先帝防
慎舅氏不令在樞機之位諸子之封裁
令半楚淮陽諸国常謂我子不當与
先帝子等今有司奈何欲以馬氏比
陰氏乎吾爲天下母而身服大練食
不求甘左右但着帛布無香薰之飾
者欲身率下也以爲外親見之當傷心自
勑但笑言太后素好儉前過濯龍門
上見外家問起居者車如流水馬如

上見外家問起居者車如流水馬如
龍倉頭衣綠褠領袖正白顧視御
者不及遠矣故不加譴怒但絶歲用而
已冀以默愧其心而猶懈怠無憂國
忘家之慮知臣莫若君況親屬乎吾
豈可上負先帝之旨下虧先人之德
重襲西京敗亡之禍哉固不許帝省
詔悲歎復重請曰漢興舅氏之封
侯猶皇子之爲王也太后誠存謙虚奈何

後猶皇子之爲王也太后誠存護虛奈何
令臣獨不得加恩三舅乎且衛尉年尊
兩校校尉有大病如令不諱使臣長抱刻
骨之恨宜及吉時不可稽留太后報
曰吾反覆念之思令兩善豈徒欲獲
護讓之名而使帝受不外施之嫌哉
昔竇太后欲封王皇后之兄兼相條
侯言受高祖約无軍功非劉氏不
封今馬氏无功於国豈得與陰郭中

【第十四紙】

封今馬氏无功於国豈得與陰郭中
興之后等耶常觀富貴之家祿位重
疊猶再實之木其根必傷且人所以願
封侯者欲上奉祭祀下求温飽耳
今祭祀則受四方之珎衣食則蒙御
府之餘資斯豈不足而必當得一縣乎
吾計之熟矣勿有疑也夫至孝之行
安親為上今數遭變異穀價數倍憂
惶晝夜不安坐卧而欲先營外封違

惶晝夜不安坐卧而欲先営外封違慈母之拳々乎吾素剛急有胷中氣不可不順也若陰陽調和邊境清静然後行子之志吾但當含飴弄孫不能復關政矣其外親有謙素義行者輙假借温言賞以財位如有纖介則先覺嚴恪之色然後加譴其美車服不軌法度者便絶屬籍遣歸田里廣平鉅鹿樂成王車騎朴素无金銀之飾太后即

【第十五紙】

樂成王車騎朴素无金銀之飾太后即
賜錢各五百萬於是内外從化被服如
一諸家惶恐倍於永平世乃置織室
蠶於濯龍中數往觀視以為娛樂常
與帝旦夕言道政事及教授諸小王
論議經書述敘平生雍和終日天下豊
稔方垂无事帝遂封三舅廖防光為
列侯並辭讓願就關内侯太后聞之
曰聖人設教各有其方知人情性莫能齊

曰聖人設教各有其方知人情性莫能脩也曰夜惕厲思自降損居不求安食不念飽兾乗此道不負先帝所以化導兄弟共同斯志欲令瞑目之日無所恨何意老志復不從哉康等不得已受封爵而退位歸第焉和熹鄧皇后諱綏太傅禹之孫也選入宮為貴人恭肅小心動有法度帝深加愛焉及后有疾特令后母兄弟入視

愛焉及后有疾特令后母光弟入視
醫藥不限以日數后言於帝曰宮禁
至重而使外舍久在内省上令陛下
有幸私之譏下使賤妾獲不知足之
謗上下交損誠不願也帝曰人皆以
數入爲榮貴人反以爲憂深自抑損
誠難及也每有讌會諸姬貴人競自
修整簪珥光采袿裳鮮明而后獨着
素裝服无飾陰后以巫蠱事廢立

【第十六紙】

素裝服无飾陰后以巫蠱事廢立
爲皇后是時方國貢獻競求珎麗之
物自后即位悉令禁絶歳時但供紙墨
而已 列傳
馮異字公孫潁川人也建武三年爲征
西大将軍大破赤眉屯兵上林菀威
行関中六年朝京師帝謂公卿曰是
我起兵時主簿也爲吾披荊棘定関中
既罷使中黄門賜以珎寶衣服錢帛

既罷使中黄門賜以珎寶衣服錢帛
詔曰倉卒無蔞亭豆粥呼沱麦飯厚
意久不報異稽首謝曰臣聞管仲謂桓
公願君无忘射鉤臣无忘檻車齊國頼
之臣今亦願國家无忘河北之難
小臣不敢忘巾車之恩　岑彭字君然
南陽人也行大将軍事與大司馬吴漢
等圍洛陽數月朱鮪等堅守不肯下
帝以彭嘗為鮪校尉令往説之鮪曰

【第十七紙】

帝以彭嘗爲鮪校尉令往説之鮪曰
大司徒被害時鮪與其謀又諫更始無遣
蕭王北伐誠自知罪深彭還具言於帝〻
曰夫建大事者不忌小怨鮪今若降
官爵可保況誅罰乎河水在此吾不食
言彭復往告鮪〻乃面縛與彭俱詣河陽
帝即解其縛拜鮪爲平狄將軍封扶溝
侯建武八年與吳漢圍隗囂於西
城公孫述將李育守上邽蓋延耿弇圍

城公孫述将李育守上邽蓋延耿弇圍
之勅歎曰兩城若下便可将兵南擊
蜀虜人若不知足既平隴復望蜀毎一發
兵頭鬚為白臧宮字君翁潁川郟人也匈
奴飢疫自相分爭帝以問宮々曰願得五
千騎以立功帝笑曰常勝之家難與慮
敵吾方自思之逮武廿七年宮與楊虛
侯馬武上書曰匈奴人畜疫死旱蝗赤
地疲困之力不當中國一郡萬里死命

地疲困之力不當中國一郡萬里死命
懸在陛下福不再來時惑易失豈宜
固守文德而墯事乎詔報曰黄石記
曰柔能制剛弱能强柔者德也剛者
賊也弱者仁之助也强者惡之歸也舍
近謀遠者勞而无功舍遠謀近者逸
而有終逸政多忠臣勞政多民故曰
務廣地者荒務廣德者强有其有者
安貪人有者殘殘之政雖成必敗今

安貪人有殘賊之政雖成必敗今
国无善政災變不息百姓驚惶人不
自保而復欲遠事邊外乎孔子曰吾恐
季孫之憂不在顓臾且傳聞之事
恒多失實苟无其時不如息民自是諸
將莫敢復言兵事者　祭遵字弟孫
潁川人也從征河北為軍市令世祖
舍中兒犯法遵格殺之世祖怒令收遵
時主簿陳副諫曰明公常欲衆軍整

時主薄陳劑諫曰明公常欲衆軍整齊令遵奉法不避是教令行也世禝乃負之以爲剌斬將軍謂諸將曰當脩邊吾舍中兒犯法尚殺之如不私諸將也河北平拜征虜將軍遵爲人廉約少心克己奉公賞賜輒盡與士卒家無私財身衣毒袴布被丈人裳不加緣帝以是重焉及卒懸悼之尤甚遣喪至河南縣詔遣百官先會喪所車駕素服臨之望哭

遣百官先會喪所車駕素服臨之望哭
哀慟還幸城門過其車騎涕泣不能
已喪禮成復親祠以太牢如宣帝臨
霍光故事至葬車駕復臨贈以將軍
侯印綬朱輪容車介士軍陳送葬謚
曰成侯既葬車駕復臨其墳存見夫
人室家其後朝會帝每歎曰安得憂國

【第十九紙】

奉公之臣如祭征虜者乎遵之見思若
此　馬武字子張南陽人也封爲楊虛

此馬武字子張南陽人也封為楊虛
卿為人嗜酒闊達敢言時醉在御前面
折同列言其短長无所避忌帝故縱之以
為笑樂帝雖制御功臣而每能迴容宥
其少失方貢珎甘必先遍列侯而大
官無餘有功輒增邑賞不任以吏職故
皆保其福祿終无誅譴者論曰光武中
興廿八將前世以為上應廿八宿未之詳
然咸能感會風雲奮其智勇稱為佐

然咸能感會風雲奮其智勇稱爲佐
命亦志能之士也議者多非光武不以
功臣任職至使英姿茂績委而勿用
然原夫深圖遠算固將有以爲尒若乃
王道既衰降及霸德猶能授受惟庸
勳賢兼序如管隰之升桓世先趙之
同列文朝可謂兼通矣降自秦漢世
資戰力至於翼扶王運皆武人屈起著
鬻繒盜狗輕猾之徒或崇以連城之賞或

【第二十紙】

鬻高繒盜狗輕猾之徒咸崇以連城之賞
任以阿衡之地故勢疑則隙生力侔則亂
起蕭樊且猶縲紲信越終見葅戮不
其然乎自茲以降迄于孝武宰輔五
世莫非公侯遂使搢紳道塞賢能蔽
壅朝有世及之私下多抱關之怨其懷道
元聞委身草莽者亦何可勝言哉故光
武鑒前事之違存矯枉之志雖寇鄧之
高勳耿賈之洪烈分土不過大縣數四所

高勳耿賈之洪烈分土不過大縣數四所
加特進朝請而已觀其治平臨政課職
責咎將所謂導之以法齊之以刑者乎若格
之功臣其傷以甚何者直繩則虧喪舊橈
情違廢禁典選德功不必厚舉勞則人或未賢
參任則群心難塞並列則其弊未遠不得
不校其勝否即事相權故高秩厚礼允荅
元功峻文深憲責成吏職建武之世侯
者百數若夫數公者則與參國議分均休

【第二十一紙】

者百數若夫數公者則與參國議分均休
咎其餘並優以寬科完其封祿莫不終
以功名延慶于後昔留侯以為高祖悉
用蕭曹故人而郭伋亦譏南陽多顯鄭
興又戒功臣專任夫崇恩偏授易啓私溺之
失至公均被必廣招賢之路意者不其然
乎永平中顯宗追感前世功臣乃圖畫
廿八將於南宮雲臺其外又有王常李
通竇融卓茂合卅二人故依其本第係之

通・竇融・卓茂合卅二人・故・依其本第係之
篇末以志功臣之次云尒
太傅高密侯鄧禹　中山太守全椒侯馬成
大司馬廣平侯吳漢　河南尹阜成侯王梁
左將軍膠東侯賈復　琅邪太守祝阿侯陳俊
建威大將軍好畤侯耿弇　驃騎大將軍參蘧侯杜茂
執金吾雍奴侯寇恂　積弩將軍昆陽侯傅俊
征南大將軍舞陽侯岑彭　左曹合肥侯堅鐔
征西大將軍夏陽侯馮異　上谷太守淮陽侯王霸

征西大將軍夏陽侯馮異　上谷太守淮陽侯王霸
建義大將軍鬲侯朱祐　信都太守阿陵侯任光
征虜將軍潁陽侯祭遵　豫章太守中水侯李忠
驃騎大將軍櫟陽侯景丹　右將軍槐里侯萬脩
虎牙大將軍安平侯蓋延　太常靈壽侯邳彤
衛尉安成侯銚期　驍騎將軍昌成侯劉植
東郡太守東光侯耿純　橫野大將軍山桑侯王常
城門校尉朗陵侯臧宮　大司空固始侯李通
捕虜將軍楊虛侯馬武　大司空安豐侯竇融

【第二十二紙】

捕虜将軍楊虚侯馬武　大司空安豊侯竇融

驃騎将軍慎侯劉隆　大傅宣徳侯卓茂

馬援字文泉扶風人也建武九年拜為太中大夫十七年交阯女子徵側及女弟徵貳反攻没其郡九真日南合浦蠻夷皆應之寇略嶺外六十餘城側自立為王於是拜援伏波将軍督樓船将軍段志等南擊交阯斬徵側徵貳傳首洛陽封援為新息侯

斬徵側徵貳傳首洛陽封援為新息侯
援嘗有疾梁松來候之獨拜牀下援不
答松去後諸子問曰梁伯孫帝壻貴
重朝廷公卿已下莫不憚之大人奈何
獨不為禮援曰我松父友也雖貴何得
失其序乎松由是恨之廿四年武威
將軍劉尚擊武陵五溪蠻夷軍沒援
因復請行遂遣援率中郎將馬武耿舒
等征五溪援夜與送者訣謂友人謁者

【第二十三紙】

等征五溪援夜與送者訣謂友人謁者
杜愔曰吾受厚恩年迫餘日索常恐不得
死国事今獲所願甘心明目但畏長者
家兒或在左右或與從事殊難得調獨
惡是耳初軍次下雋門有兩道可入從
壺頭則路近而水嶮從充道則塗夷而
而運遠帝初以為疑及軍至耿舒欲從
充道援以為棄日費粮不如進壺頭
搤其喉咽充賊自破以事上之帝

搤其喉咽充賊自破以事上之帝
從援策進營壺頭賊乘高守隘水疾
船不得上會暑甚士卒多疫死援亦
中病遂困乃穿岸為室以避炎氣賊
每升險鼓譟援輒曳足以觀之左右哀
其壯意莫不為之流涕耿舒與兄
好畤侯弇書曰前舒上書當先擊充
糧雖難運而兵馬得用軍人數萬爭
欲先奮今壺頭竟不得進大眾怫鬱

欲先奮令壺頭意不得進大衆怫鬱
行死誠可痛惜弇得書奏之帝乃使
虎賁中郎将梁松乘驛責問援因代
監軍會援病卒松宿懷不平遂因事
陷之帝大怒追收援新息侯印綬初援
在交阯常餌薏苡實用能輕身省欲以
勝鄣氣南方薏苡實大援欲以為種軍還
載之一車時人以為南土珎恠權貴皆
望之援時方有寵故莫以聞及卒後有

【第二十四紙】

望之後特方有寵故莫以聞及卒後有上書譖之者以爲前所載還皆明珠文犀馬武於陵侯昱等皆以章言其狀帝益怒援妻孥惶懼不敢以喪還舊塋裁買城西數畝地槁葬而已賓容故人莫敢弔會援兄子嚴與援妻子草索相連詣闕請罪帝乃出松書以示之方知所坐上書訴寃前後六上辭甚哀切然後得葬又前雲陽令同郡

甚哀切然後得葬又前雲陽令同郡
朱勃詣闕上書曰臣聞王德聖政不忘
人之功採其一美不求備於衆故高祖赦
蒯通而以王禮葬田橫大臣曠然咸不自
疑夫大將在外讒言在內微過輒記
大功不計誠爲國之所慎也故章邯畏
口而奔楚燕將據聊而不下豈其甘心末
規哉悼巧言之傷類也竊見故伏波將軍
馬援拔自西州欽慕聖義閒關險難

馬援援自西州欽慕聖義閒間開險難觸冒百死孤立群貴之間傍无一言之佐馳深泉入虎口豈顧計哉寧自知當要七郡之使徼封侯之福耶八年車駕西討隗囂國計狐疑衆營未集援建宜進之策卒破西洲及吳漢下隴冀路斷隔唯獨狄道為國堅守士民飢困寄命漏刻援奉詔西使鎮慰邊衆乃招集豪傑曉誘羌戎謀如涌泉勢如轉規遂救倒

傑曉誘羌戎謀如涌泉勢如轉規遂救倒
懸之急存幾亡之城兵全師進因粮敵人
隴冀略平而獨守空郡兵動有功師進
輒剋誅鉏先零緣入山谷猛怒力戰飛矢
貫脛又出征交阯土多鄣氣援与妻子生
訣無悔吝之心遂斬滅徵側剋平一州閒
復南討立陷臨鄉師已有業未竟而死
吏士雖疫援不獨存夫戰或以久而立
功或以速而致敗深入未必爲得不追未

功或以速而致敗深入未必爲得不進未
必爲非人情豈樂久屯絕地不生歸哉惟
援得事朝廷廿二年北出塞漠南渡江
海觸冒害氣僵死軍事名滅爵絕國
土不傳海內不知其過衆庶未聞其毀
卒遇三夫之言橫被誣罔之讒家屬杜門
葬不歸墓怨隙並興宗親怖慄死者不
能自列生者莫爲之訟臣竊傷之夫明
主醲於用賞約於用刑高祖嘗與陳平

【第二十六紙】

主醜於用賞約於用刑高祖膏与陳平
金四萬斤以間楚軍不問出入所為豈
復疑以錢穀間哉夫掾孔文之忠而不能
自免於讒邪此鄒陽之所悲也唯陛下留
思堅儒之言無使功臣懷恨黄泉臣聞
春秋之義罪以功除聖王之祀臣有五
義若湛所謂以死勤事者也願下太常
平湛功罪宜絶宜續以厭海内之望臣
年已六十常伏田里竊感欒布哀彭越

年已六十常伏田里竊感卒布衣歎之義冒陳悲憤戰慄闕廷書奏輒歸田里子廖字敬平少以父任為郎肅宗甚尊重之時皇太子躬履節儉事從簡約廖慮美業難終上疏長樂宮以勸成德政曰臣案前世詔令以百姓不足起於世尚奢靡故元帝罷服官成帝御浣衣哀帝去樂府然而侈費不息至於衰亂者百姓從行不從言也夫改政移風

【第二十七紙】

衰亂者百姓從行不從言也夫改政風
必有其本傳曰吳王好劍客百姓多瘢
楚王好細腰宮中多餓死長安語曰
城中好高髻四方高一尺城中好廣眉四
方且半額城中好大袖四方用匹帛斯言
如戲有切事實前下制度未幾後稍不
行雖或吏不奉法良由慢起京師今陛
下躬服厚繒斥去花飾素所簡安發
自聖性此誠上合天心下順民聖浩大

自聖性此誠上合天心下順民聖浩大之福莫尚於此陛下既已得之自然循宜加以勉勵法太宗之隆德戒成業之不終易曰不恒其德或承之羞誠令斯事一竟則四海誦德嚴熏天地神明可通全不可勤而况於人心乎况於行令乎願置童坐側以當警人夜誦之音太后深納之

皇茂字子康南陽人也以儒術舉遷審令視民如子舉善而教

儒術舉遷密令視民如子舉善而教口
無惡言吏民親愛而不忍欺之民嘗有
言部亭長受其米肉遺者茂避左右問之
曰亭長為從汝求乎為汝有事屬之
而受乎將平居自以恩意遺之乎民曰
往遺之耳茂曰遺之而受何故言邪民
曰竊聞賢明之君使民不畏吏吏不取民
今我畏吏是以遺之吏既卒受故來言
耳茂曰汝為弊民矣凡人所以貴於禽獸

【第二十八紙】

耳茂曰汝為敝民矣凡人所以貴於禽獸
者以有仁愛知相敬事也今鄰里長老尚
致饋遺此乃人道所以相親況吏與民乎
吏顧不當乘威力強請求耳凡人之生
群居雜處故有經紀礼義以相交接汝
獨不欲修之寧能高飛遠走不在人間
邪亭長素善吏民歲時遺之礼也民
曰苟如此律何故禁之茂笑曰律設大
法礼順人情今我以礼教汝汝必无怨惡

法礼順人情令我以礼教誨汝汝无怨悪
以律治汝何所措其手足乎一門之内
小者可論大者可殺也且歸念之於是人
納其訓吏懐其恩治密數年教化大
行道不拾遺平帝時天下大蝗河南廿
餘縣皆被其災獨不入密東王莽居攝
以病免歸世祖即位乃下詔曰前密令
卓茂束身自脩執節淳固誠能為人
所不能為夫名冠天下當受天下重賞

所不能為吏名冠天下當受天下重賞
令以茂為太傅封褒德侯食邑二千戶
魯恭字仲康扶風人也舉直言拜中
牟令魯恭以德化為治不任刑罰民
許伯等爭田累守令不能決恭為

【第二十九紙】

平理曲直皆退而自責輟耕相讓亭
長從民借牛而不肯還之牛主訟於恭恭召
亭長勅令歸牛者再三猶不從恭歎曰
是教化不行也欲解印綬去掾史泣共

是教化不行也欲解印綬去掾史涕泣共留之亭長乃慙悔還牛詣獄受罪恭貰不問於是吏民信服建初七年郡國螟傷稼犬牙緣界不入中牟河南尹袁安聞之疑其不實使仁恕掾肥親往廉之恭隨行阡陌俱坐桑下有雉過止其傍〻有童兒親曰兒何不捕之兒言雉方將雛親瞿然起與恭訣曰所以來者欲察君之治迹耳今虫不犯境此

來者欲察君之治迹耳今虫不犯境此
一異也化及鳥獸此二異也豎子有仁
心此三異也久留徒擾賢耳還府具
以狀白安是歲嘉禾生中牟安上書
言狀帝異之

羣書治要卷第廿一　後漢書一

當卷點事去文永二年四月之

【第三十紙】

當卷點事去文永二年四月之
比誂左京兆後國朝臣畢而同
四年三月廿五日所下遣也且
申出　仙洞御書移點畢但
件本有不安事者引勘本
書直改云々
越州刺史平（花押）

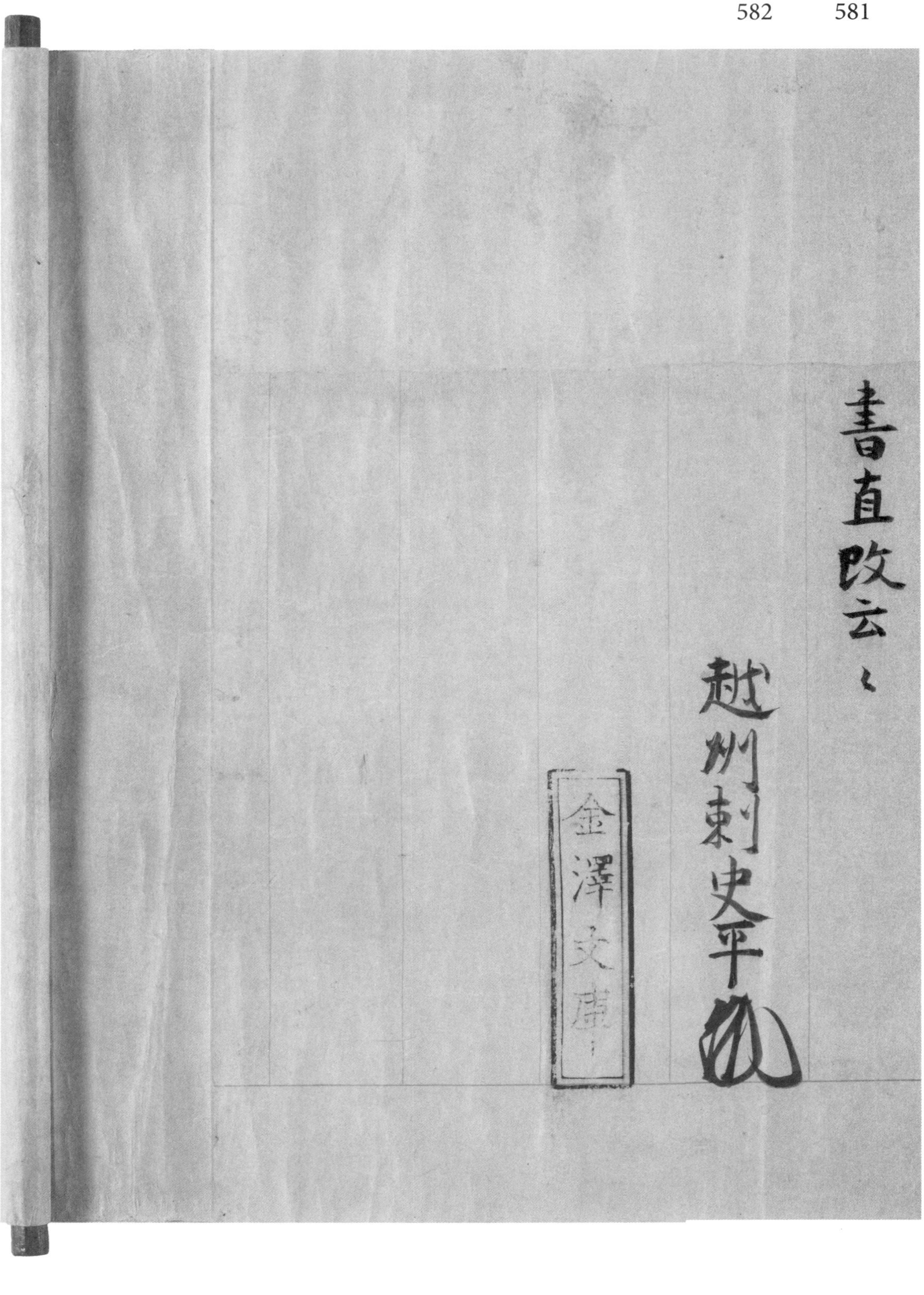

書直改云々

越州刺史平

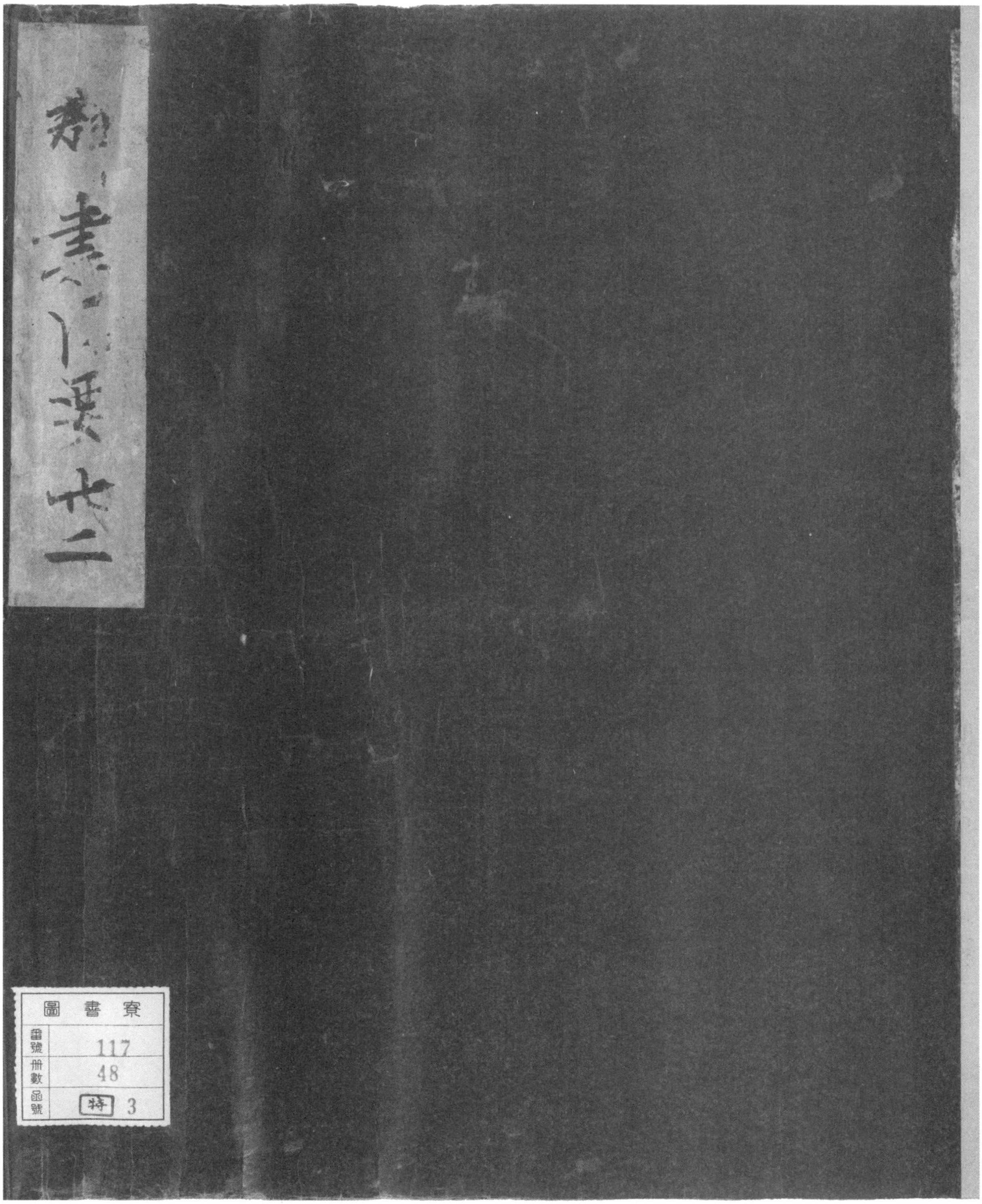
圖書寮
番號 117
册數 48
函號 特 3

羣書治要卷第廿二　秘書監鉅鹿男臣魏徵等奉　勅撰

後漢書二　列傳

宋弘字仲子長安人也世祖嘗問弘

通博之士弘薦沛国桓譚才學洽

聞幾能及楊雄劉向父子於是

召譚拜議郎給事中帝每讌輙令

皷琴好其繁聲弘聞之不悅悔於

薦舉伺譚内出正朝服坐府上遣

薦擧伺譚内出正朝服坐府上退吏召之譚至不與席而讓之曰吾所以薦子者欲令輔国家以道德也而今數進鄭聲以亂雅頌非忠正者也能自改耶將令相擧以法乎譚頓首辭謝良久乃遣之後大會群臣帝使譚鼓琴譚見弘失其常度帝恠而問之弘乃免冠謝曰臣所以薦桓譚者望能以忠正導

【第二紙】

日臣所以薦桓譚者望能以忠正導
主而令朝廷耽悅鄭聲臣之罪也
帝改容謝之使反服其後遂不復
令譚給事中弘推進賢士卅餘人
或相及爲公卿者弘嘗讌見御坐

注云及猶繼也

新施屏風畫列女帝數顧視之弘
正容言曰未見好德如好色者帝即
爲徹之笑謂弘曰聞義則服可乎對
曰陛下進德臣不勝其喜時帝姊湖

曰陛下進德臣不勝其喜時帝姉湖
陽公主新寡帝與共論朝臣微觀其
意主曰宋公威容德器群臣莫及帝
曰方且圖之後弘被引見帝令主坐
屏風後因謂弘曰諺言貴易交富易
妻人情乎弘曰臣聞貧賤之知不可
忘糟糠之妻不下堂帝顧謂主曰事
不諧矣
韋彪字孟達扶風人也拜大鴻臚是

【第三紙】

韋彪字孟達扶風人也拜大鴻臚是
時陳事者多言郡國貢舉率非功次
故守職益懈而吏事寖疎咎在州郡
彪上議曰孔子曰事親孝故忠可移
於君是以求忠臣必於孝子之門夫
人才行少能相兼是以孟公綽優於趙
魏老不可以為滕薛大夫忠孝之人
治心近厚鍛練之吏治心近薄三代
之所以直道而行者在其所以磨

之所以直道而行者在其所以磨
之故也士宜以才行為先不可以純以
閥閱並其要歸在於選二千石賢則
貢舉皆得其人矣帝深納之彪以
世承二帝吏治之後多以苛刻為噅
能又置官選職不必以才上疏諫
曰農民急於務而苛吏奪其嗔
時賦發充常調而貪吏割其財此
其巨患也夫欲急民所務當先除其

其巨患也夫欲急民所務當先除其
所患天下樞要在於尚書尚書之選豈可不
重而間者多從郎官超升此位雖曉習文
法長於應對然察察小慧類無大能
宜簡嘗歷州宰素有名者雖進退舒
遲時有不逮然端心向公奉職周密
宜鑒嗇夫捷急之對深思緩度木訥
之功也往時楚獄大起故置令史以助
郎職而類多小人好爲奸利今者務簡

【第四紙】

郎職而類多小人好爲奸利今者務簡
可皆停省。諫議之職。用直之士。通才謇正
有補益於朝者。今或從徵試輩爲大夫
注曰非筆類
又御史外遷動據州郡並宜清選其
任責以言績其二千石視事雖久而
爲吏民所便安者宜增秩重賞勿
妄遷徙。留聖心書奏帝納之
杜林字伯山扶風人也爲光祿勳建武
十四年群臣上言古者肉刑嚴重則民畏法

十四秊群臣上言古者肉刑嚴重則民畏法
令今憲章輕薄故姦宄不勝宜増科禁以
防其源詔下公卿林奏曰夫人情挫辱則
義節之風損法防繁多則苟免之行
興孔子曰導之以政齊之以刑民免而无
恥導之以德齊之以禮有恥且格古之
明王深識遠慮動居其厚不務多辟周之
五刑不過三千大漢初興詳覽失得故破矩
為圓斲雕為朴蠲除苛政更立踈網海内歡

【第五紙】

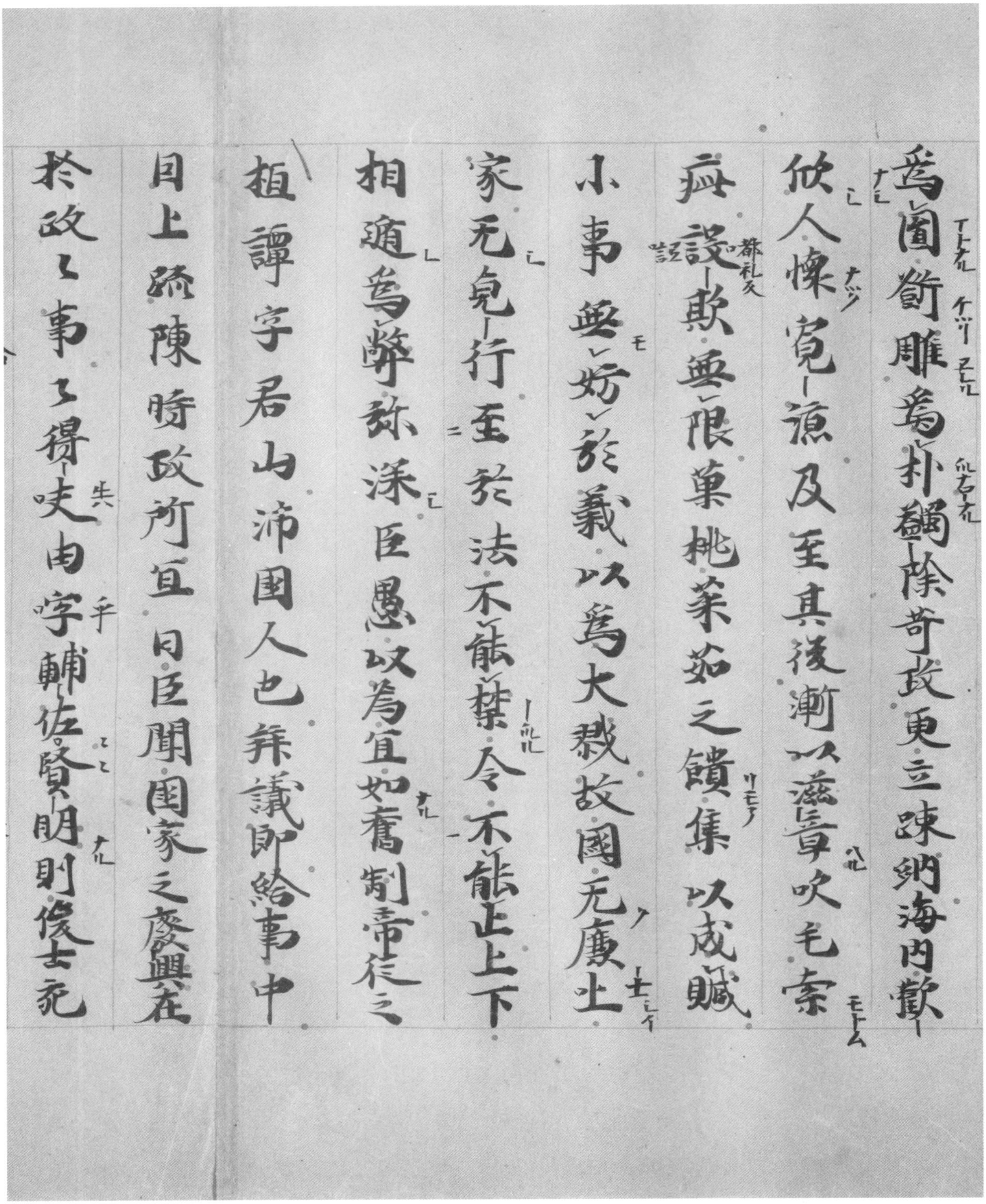

爲闇斵雕爲朴斵除苛政更立踈納海内歡
欣人懐寛饒及至其後漸以滋章吹毛索
疵詆欺無限果桃菜茹之饋集以成贓
小事無妨於義以爲大戮故國无廉士
家无免行至於法不能禁令不能止上下
相遁爲弊弥深臣愚以為宜如舊制常從之
桓譚字君山沛国人也拜議郎給事中
因上疏陳時政所宜曰臣聞国家之廢興在
於政〻事〻得失由乎輔佐賢明則俊士充

於政事得失由乎輔佐賢明則俊士充
朝而治吟世務輔佐不明則論時失宜而
舉多過事夫有国之君倶欲興化建善然
而治道未理者所謂賢者異也蓋善治者
視俗而施教察失而立防威德更興文武
迭用然後政調於時而躁人可定昔董仲舒
「周然後政調於時而躁人可定昔董仲舒」
言治國譬若琴瑟其不調者則解而更
張夫更張難行而拂衆者亡是故賈誼以才逐而

張雜行而咈衆者已是故賈誼以才逐而
朝錯以智死世雖有殊能而終莫敢談者懼
於前事也且設法禁者非能盡塞天下
之姦皆合衆人之所欲也大抵取便國利
事多者則可矣夫見法令決事輕重不齊
一事殊法同罪異論姦吏得因緣爲市
所欲活則出生議所欲陷則与死比是爲
刑開二門也今可令通義理明習法律者
挍定科比一其法度班下郡國蠲除故條

【第六紙】

挍定科比一其法度班下郡國蠲除故條
如此天下知方而獄无寃濫矣書奏不省是
時帝方信讖多以决定嫌疑譚復上
疏曰今諸巧慧小才伎數之人増益圖書
矯稱讖記以欺惑貪邪詿誤人主書
矯稱讖記以欺惑貪邪詿誤人主焉
可不抑遠之哉其事雖有時合譬猶卜數
隻偶之類陛下宜垂明聽發聖意屛羣
小之曲說述五經之正義略雷同之俗語詳

小之曲説述五經之正義略雷同之俗語詳
通人之雅謀帝省奏愈不悦其後有詔
會議靈臺所處帝謂譚曰吾欲以讖決
之何如譚默然良久曰臣不讀讖帝問其
故譚復極言讖之非經帝大怒曰桓譚非聖
無法將下斬之譚叩頭流血良久乃得解
出為六安郡丞意忽忽不樂道病卒焉
衎字敬通京兆人也更始二年遣尚書僕
射鮑永行大將軍事安集北方乃以衎

【第七紙】

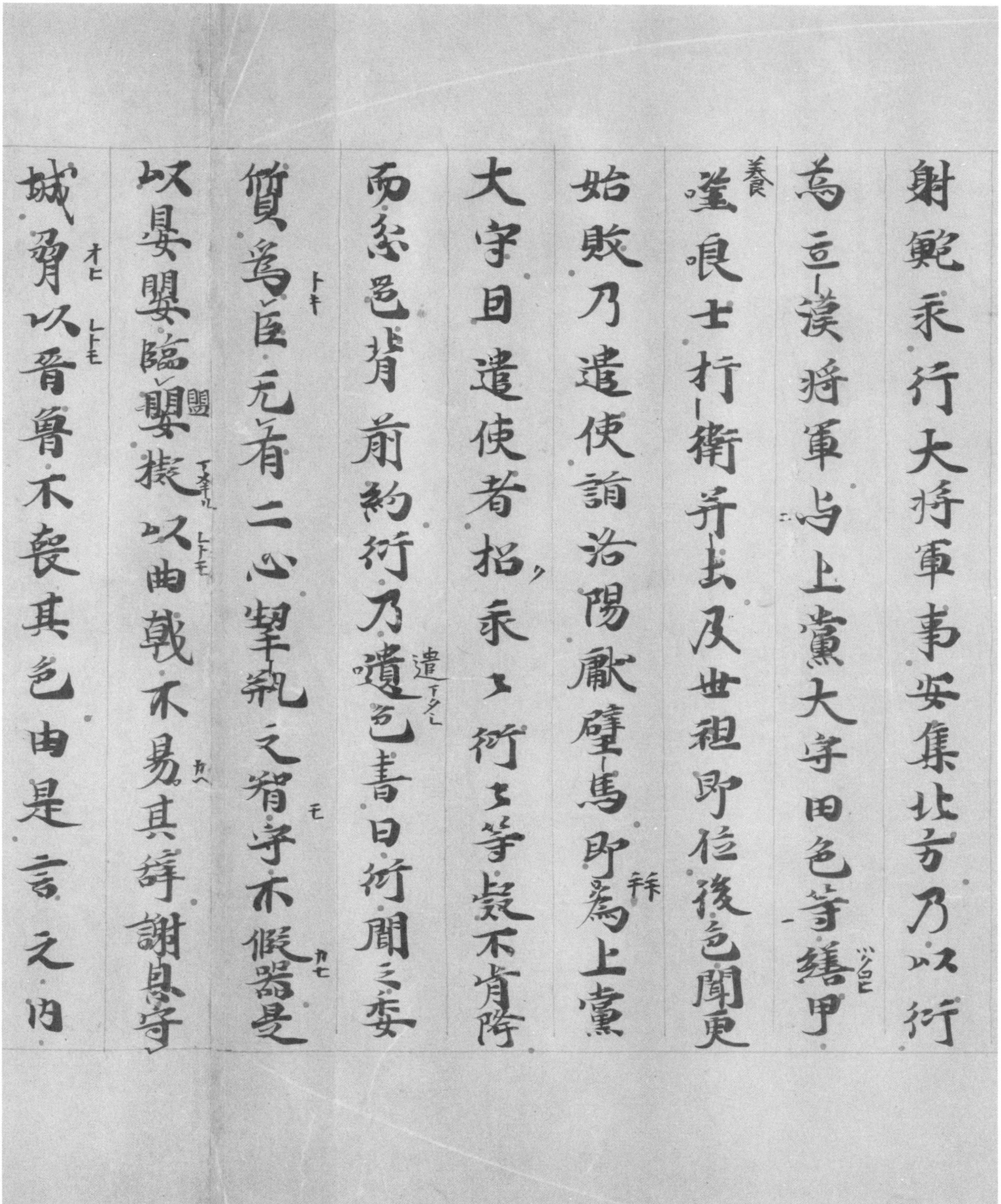

射鮑永行大将軍事安集北方乃以衍
爲立漢将軍与上黨大守田邑等繕甲
養士扞衛并土及世祖即位後邑聞更
始敗乃遣使詣洛陽獻璧馬即爲上黨
大守因遣使者招永衍等永等疑不肯降
而忿邑背前約衍乃遺邑書曰衍聞之委
質爲臣无有二心挈缾之智守不假器是
以晏嬰臨盟擬以曲戟不易其辭謝息守
城脅以晉魯不喪其邑由是言之内

城勇以晉魯不喪其色由是言之內
無鉤頸之禍外無桃棗之利而被殺人
之聲蒙降城之恥竊爲左右羞之時
訛言更始隨赤眉在北地永衍信之
故屯兵界休方移書上黨云皇帝在雍
以惑百姓審知更始已歿乃共罷兵幅
巾降于河內帝怨衍等不時至永以立
功得贖罪遂任用之而衍獨見黜永謂
衍曰昔高祖賞季布之罪誅丁固之功今

衍曰昔高祖賞季布之罪誅丁固之功今
遺明主亦何憂哉衍曰記有之人有挑
其鄰之妻者挑其長者詈之挑其少
者報之後其夫死而取其長者
或謂之曰夫非罵爾者邪曰在人欲其
報我在我欲其罵人也夫天命難知人道
易守守道之臣何患死亡頃之帝以衍為
曲陽令誅斬劇賊郭勝等降五千
餘人論功當封以讒毀故賞不行建武六

【第八紙】

餘人論功當封以讒毀故賞不行建武六年日蝕衍上書陳八事其一日顯文德二日褒武列三日循舊功四日招儁桀五日明好惡六日簡法令七日差秩祿八日撫邊境書奏帝將召見而衍爲狼孟長恨以罪摧陷大姓令狐略是時略爲司空長史讒之於尚書令王護尚書周生豐日衍所以求見者欲毀君也護懼之即共排閒衍遂不得入後衛尉陰興

之即共排閒衍迹不得入後衛尉陰興
新陽侯陰就以外戚貴顯深敬重衍遂
与之交結由是爲諸王所聘請尋爲司
隸從事帝懲西京外戚賓客故皆以
法繩之大者抵死徒其餘至貶黜衍由此
得罪嘗自詣獄有詔赦郡閉門自保不
敢復与親故通建武末上疏自陳曰臣
伏念高祖之略而陳平之謀毀之則疏
譽之則親以文帝之明而魏尚之忠繩之以

【第九紙】

譽之則親以文明而魏尚之忠繩之以
法則爲罪施之以德則爲功逮至晚世
董仲舒言道德見妬於公孫弘李廣
奮節於匈奴見排於衛青此忠臣之常
所爲流涕也臣術自惟微賤之臣上无
知之薦下无馮唐之說董生之才李
廣之勢而欲免讒口濟厄難豈不難哉
臣術之先祖以忠貞之故成私門之禍而
臣術復遭擾攘之時值兵革之際不敢回

【第十紙】

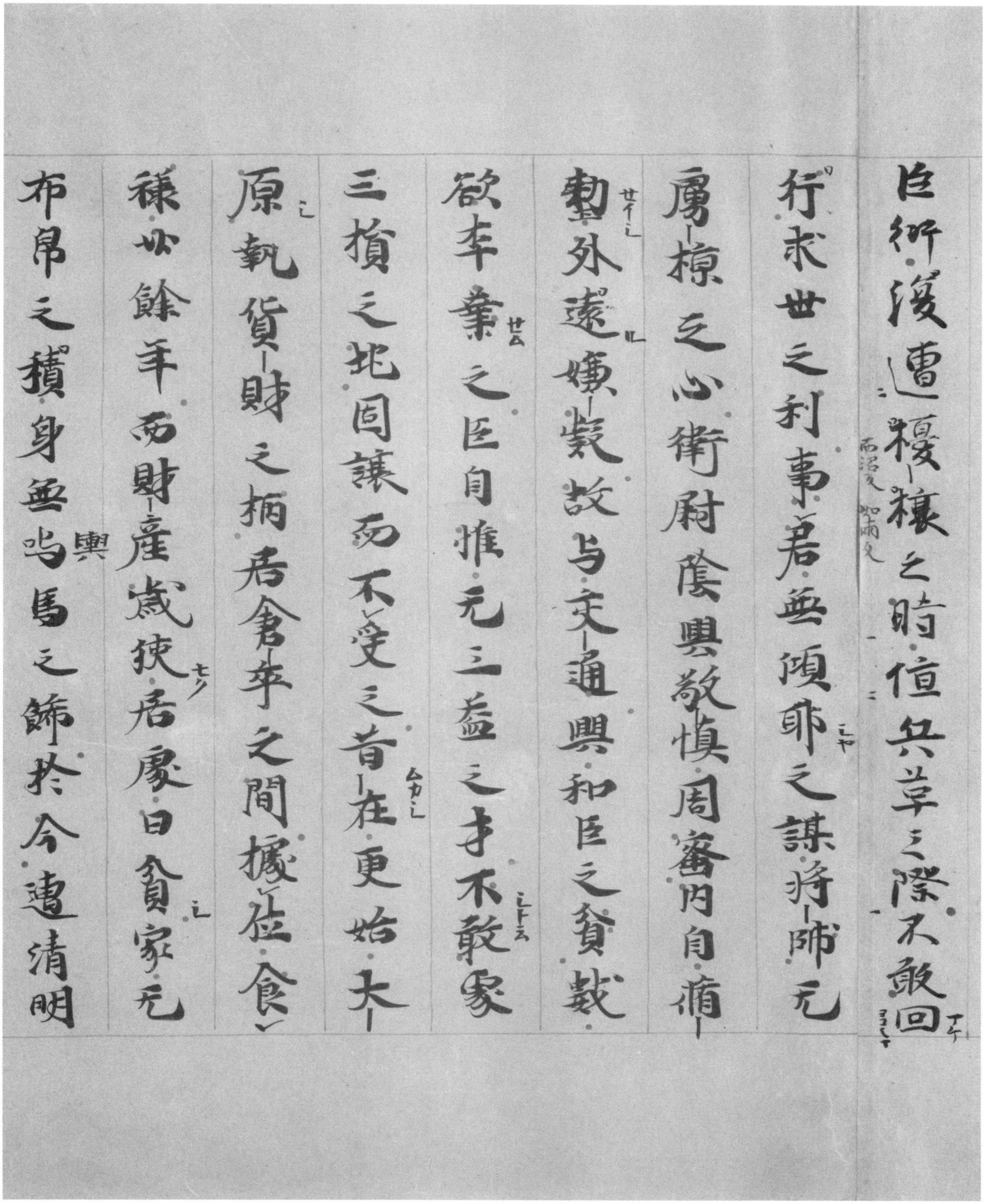
臣衍遭遇擾攘之時值兵革之際不敢回
行求世之利事君無傾邪之謀將帥无
虜掠之心衛尉陰興敬慎周密内自脩
勑外遠嫌疑故与交通興和臣之貧數
欲本業之臣自惟无三益之才不敢處
三損之地固讓而不受之昔在更始太
原執貨財之柄居倉卒之間據位食
祿廿餘年而財産歳狹居處日貧家无
布帛之積身無鳴馬之飾於今遭清明

布帛之積身無鳴馬之飾於今遭清明
之世勅躬力行之秋而怨讎叢興譏議
横毋蓋富貴易爲善貧賤難而士
也疏遠羈旅之臣無望高闕之下惶
恐自陳以救罪尤書奏猶以前過不用
論曰馮衍之引挑妻之譬得矣夫納妻
皆知取詈己者而取士則不能何豈非
反妒情易而恕義情難光武雖得之於鮑
永猶失之於馮衍夫然義直所以見屈

【第十一紙】

承循失之於馮衍夫義直所以見屈於既往守節故亦彌阻於來情嗚呼申屠剛字巨卿扶風人也遷尚書令世祖嘗欲出遊對以隴蜀未平不宜晏逸豫諫不見聽遂以頭軔乘輿輪帝遂爲止時内外群官多帝自選舉加以法理嚴察職事過苦尚書近臣至乃捶撲牽曳於前群臣莫敢正言對每輙極諫又數言皇太子宜時就東宮簡任賢保以

【第十二紙】

數言皇太子宜時就東宮簡任賢保以
成其德
鮑永字君長上黨人也宣爲王莽所殺
事後母至孝妻嘗於母前叱狗而永即
去之莽以宣不附己欲滅其子孫太守苟諫
擁護召以爲吏更始二年徵再遷尚書
僕射行大將軍事持節將兵安集河東
并州朔部世祖即位遣諫議大夫儲大
伯持節徵永永乃收繫大伯遣使馳至

伯持節徵永永乃收繫大伯遣使馳至長安既知更始已亡乃發喪出大伯等封上將軍列侯印綬悉罷兵但幅巾與諸將及同

【第十三紙】

心客百餘人詣河內帝見永問曰卿衆所在永離席叩頭曰臣事更始不能令全誠慙以其衆幸富貴故悉罷之帝曰卿言大而意不悅爲司隸校尉行到霸陵路

【第十四紙】

經更始墓引車入陌從事諫止之永曰親北面事人寧有過墓不拜雖以獲罪司隸

北面事人寧有過墓不拜雖以獲罪司隷
所不避也遂下拜哭盡哀而去西至扶風
椎牛上苟諫冢帝聞之意不平問公卿曰奉
使如此何如太中大夫張湛對曰仁者行之
宗忠者義之主也仁不遺舊忠不忘君行
之高者也帝乃釋

論曰鮑永守義於故主斯可以事新主矣
恥以其衆受寵斯可以受大寵矣若乃
言之者雖誠而聞之者未譬豈苟進

言之者雖誠而聞之者未譬豈苟進
之悦易以情納持正之忤難以理求誠
能釋利以循道居方以從義君子之槩也
郅惲字君章汝南人也舉孝廉為上
東城門候帝嘗出獵車駕夜還惲拒關
不開帝令從者見面於閒惲曰火明遼遠
遂不受詔帝乃迴從東中門入明旦惲上
書諫曰陛下遠獵山林夜以繼晝其如社
稷宗廟何暴虎馮河未至之戒誠小

【第十五紙】

稷宗廟何暴虎憑河未至之誡誠小
臣竊憂也書奏賜布百匹遷東中門候爲
參封郭伋字細侯扶風人也王莽時爲并
州牧建武九年拜潁川太守十一年調爲并州
刺史引見讌語伋因言選補衆職當簡天
下賢俊不宜專用南陽人帝納之伋前
在并州素結恩德及後入界所到縣邑老
幼相携逢迎道路所過問民疾苦聘求耆
德雄俊設几杖之禮朝夕與參政事始至

德雄儀設九杖之禮朝夕与參政事始至
行部到西河美稷有童兒數百各騎竹馬
於道次迎拜伋問曰兒曹何自遠來對曰聞
使君到喜故來奉迎伋辭謝之及事訖諸
兒復送至郭外問使君何日當還伋計
日告之先期一日伋爲違信於諸兒遂止
于野亭須期乃入
樊宏字靡卿南陽人世祖之舅宏爲
人謙柔畏慎不求苟進常戒其子曰富

【第十六紙】

人讓柔畏慎不求苟進常戒其子曰富
貴盈溢未有能終者吾非不善榮勢
也天道惡滿而好謙前代貴戚皆明戒
也保身全己豈不樂哉宗族其化未嘗
犯法帝甚重之
陰識字次伯南陽人光烈皇后之兄也以
征伐軍壻封識叩頭讓曰天下初定將師
有功者衆臣託屬振庭仍如爵邑不可以
示天下帝甚美之興字君陵識弟也帝

示天下帝甚義之興字君陵識弟也帝
後以興欲封之置印綬於前興固讓曰
臣未有先登陥陣之功而一家數人並蒙
爵土令天下觖望誠為盈溢臣蒙陛下
貴人恩澤至厚富貴已極不可復加至誠不
願帝嘉興之讓不奪其志貴人問其故興
曰貴人不讀書記耶亢龍有悔外戚家苦不
知謙退嫁女欲配侯王取婦眄睨公主愚心
實不安也富貴有極人當知足夸奢益

實不安也富貴有極人當知之夸大者益
為觀聽所譏貴人感其言深自降挹不
為宗族求位帝後復欲以興代吳漢為大
司馬興叩頭流涕固讓曰臣不敢惜身
誠懼虧損聖德不可苟冒至誠發中感動
左右帝遂聽之朱浮字叔元浦國人也
為幽州牧漁陽太守彭寵敗後世祖以
二千石長吏多不勝任時有纖微之過者
必見斥罷交易紛擾百姓不寧建武六

【第十七紙】

必見斥罷交易紛擾百姓不寧建武六
年有蝕之異浮因上疏曰臣聞日者衆
陽之宗君上之位也凡居官治民據郡典
縣皆為陽為上為長若陽上不明尊長
不足則干動三光垂示王者陛下哀愍
海内新離禍毒保宥生民使得蘇息而
今牧民之吏多未稱職小違理實輒見
斥罷豈不粲然白黑分明哉然以堯舜之
盛猶加三考大漢之興亦累功效吏皆

咸猶加三考大漢之興亦累功効矣吏皆
積久養老於官至名子孫因為氏姓
當時吏職何能悉治論議之徒豈不諠
譁蓋以為天地之功不可倉卒艱難之
業當累日也閒者守宰數見換易迎
新相代疲勞道路尋其視事日淺未
足昭見其職既加嚴切人不自保各相
顧望无自安之心有司或因睚眦以騁
私怨苟求長短求媚上意二千石及長

【第十八紙】

私怨苟求長短求媚上意二千石及長
吏迫於舉劾懼于刺譏故爭飾詐偽以希
虛譽斯皆羣陽騷動日月失行之
應夫物暴長者必夭折功卒成者必
亟壞如摧長久之業而造速成之功非
陛下之福也天下非一時之用也海內非一
旦之功也願陛下遊意於經年之外望化
於一世之後天下幸甚帝下其議羣臣
多同於浮自是牧守代易頗簡舊制州

多同於浮自是牧守代易頗簡舊制州
牧奏二千石長吏不任位者事皆先下
三公三公遣掾史案驗然後黜退帝時用明察
不復委任三府而權歸刺舉之吏浮復上
疏曰陛下清明履約率禮無違自宗室諸
王外家后親皆奉繩墨無黨埶之名斯固法
令整齊下无作威者也求之於事宜以和平
而災異猶見者而豈徒然哉天道信誠不可
不察竊見陛下疾往者上威不行下專國

不案竊見陛下疾往者上威不行下專國
命即位以來不用舊典信刺舉之官黜鼎輔
之任至於有所劾奏便加免退覆案不關三
府罪譴不蒙澄察陛下以使者為腹心而使
者以從事為耳目是為尚書之平決於百石
之吏故群下苛刻各自為能兼以私情容長
憎愛在職皆競張空虛以要時利故有罪者
心不厭服無咎者坐被空文不可經盛衰貽
後王也夫事積久則吏自重吏安則民自靜傳

【第十九紙】

後王也夫事積久則吏自重吏安則民自靜傳
曰五年再閏天道乃備夫以天地之靈猶五
載以成其化況人道哉
陳元字長孫蒼梧人也以父任爲郎時大司
農江馮上言宜令司隸挍尉督察三府元上
疏曰臣聞師臣者帝賓臣者霸故武王以爲
師齊桓以夷吾爲仲父孔子曰百官總聽於
冢宰近則高帝優相國之禮太宗假宰輔
之權及亡新王莽遭漢中衰專操國柄以

之權及王觀新王莽遭漢中衰專操國柄以
偸天下況己自喩不信羣臣奪公輔之任損
宰相之威以刺舉爲明激訐爲直乃僕
告其君長子弟變其父兄網密法峻大臣无所
措手足然不能禁奮忠之謀身爲世戮故人
君患在自驕不能患驕臣失在自任不在任人
是以文王有日昃之勞周公執吐之恭不聞其
崇刺舉務察也方今四方尚擾天下未一百
姓觀聽咸張耳目陛下宜脩文武之聖典襲祖

【第二十紙】

姓觀聽咸張耳目陛下宜循文武之聖典襲祖
宗之遺德勞心下士屈節待賢誠不宜使有
司察公輔之名帝從之
桓榮字春卿沛郡人也以經明入授太子每朝
會輒令榮於公卿前敷奏經書帝稱善曰
得卿幾晚建武廿八年大會百官詔問誰
善可傅太子者群臣承望上意皆言太子舅
吟執金吾陰識可博士張佚正色曰今陛下立
太子為陰氏乎為天下乎即為陰氏則陰侯可

太子爲陰氏乎爲天下乎卽爲陰氏則陰侯可
爲天下則固宜用天下之賢才帝稱善曰欲
置傅者以輔太子也今博士不難正朕况太子
乎卽拜佚爲太子太傅而以榮爲少傅賜以輜
車乘馬
第五倫字伯魚京兆人也舉孝廉帝問以政
事大悅與語至夕帝謂倫曰聞卿爲吏嗙婦
公不過從兄飯寧有之耶倫對曰臣三娶妻皆
无父少遭飢亂實不敢妄過人食帝

无父母少遭飢亂賣不敢妄過人食帝
大笑拜會稽太守會稽俗多淫祀好卜筮
常以牛祭神百姓財産以之困匱其自食
牛肉而不以薦祠者發病且死先爲牛鳴前後
郡將莫敢禁倫到官移書屬縣曉告百姓
其巫祝有依託鬼神詐怖愚民皆案驗之有妄
屠牛者吏輙行罰民初頗恐懼或祝詛妄言
倫案之愈急後遂斷絶百姓以安肅宗初爲
司空及馬防爲車騎將軍當出征西羌倫上

【第二十一紙】

司空及馬防為車騎將軍當出征西羌倫上
疏曰臣愚以為貴戚可封侯以富之不當職
事以任之何者繩以法則傷恩私親則違憲伏
聞馬防今當西征臣以太后恩仁陛下至
孝恐卒有纖介難為意愛也倫雖峭直然
常疾俗吏苛刻及為三公值帝長者屢有善
政乃上疏褒稱盛美因以勸成風德曰陛下
即位躬天然德體晏晏之姿以寬弘臨下出
入四年前歲誅刺史二千石貪殘者六人斯明

入四年前歲誅刺史二千石貪殘者六人斯明
聖所鑒非群下所及然詔書每下寬和而政急
不解群下所及然詔書每下寬和而政急不解
務在節儉而奢侈不止者咎在俗弊群下不
稱故也世祖乘王莽之餘頗以嚴猛為治後
世因之遂成風化郡國所舉類多辦職俗吏
殊未有寬博之選以應上求者也陳留令劉
領騎軍令騶協造以刻薄之姿臨且宰邑專念
掠務為嚴苦吏民愁怨莫不疾之而今之

掠務為嚴苦吏民愁怨莫不疾之而今之
斂務為嚴苦吏民愁怨莫不疾之而今之
議者反以為能違天心失經義誠不可慎也
非徒應坐頗協亦當譴舉者務進仁
賢以任時政不過數人則風俗自化矣臣奉
讀書記知秦以酷急亡國又目見王莽亦以苛
法自滅故勤勤懇懇實在於此又聞諸王主貴
戚驕奢踰制京師尚然何以示遠故曰其身
不正雖令不從以身教者從以言教者訟夫陰

不忘雖令不從以身教者從以言教者訟夫陰陽和歲乃豐君臣同心化乃成也其刺史太守以下拜除京師及道出洛陽者宜皆召見可因博問四方重以觀察其人諸上書言事有不合者可但報歸田里不宜過加喜怒以明在寬也倫以奉公盡節言事无所依違或問倫曰公有私對曰昔人有與吾千里馬者吾雖不受每三公有所選舉心不能忘而亦終不用也吾兄子常病一夜十往退而安寢吾子有疾雖不省視而

一夜十往退而安寝吾子有疾雖不省視而
竟夕不眠若是者豈謂无私乎
鍾離意字子阿會稽人也顯宗即位徵為
尚書時交阯守生贓千金徵伏法資物詔賜群
臣意得珠璣悉以委地而不拜賜帝怪而問
其故對曰臣聞孔子忍渴於盗泉之水曾參
迴車於勝母之閭惡其名也此贓穢之寶誠不
敢拜帝嗟歎曰清乎尚書之言乃更以庫錢卅萬
賜轉為尚僕射車駕數幸廣成苑意當車

【第二十三紙】

賜轉爲尙僕射車駕數幸廣成苑意常當車
陳諫槃樂遊田之事天子卽時還宮永平
三年夏旱而大起北宮意詣闕免冠上疏
曰伏見陛下以天時小旱憂念元元降避正殿躬
自克責而比日密雲遂無大潤豈政有未
得晩責而比日密雲遂無大潤豈政有未得
應天心者耶昔成湯遭旱以六事自責曰政
不節耶使民疾耶宮室榮耶女謁盛耶苞
苴行耶讒夫昌耶竊見北宮大作民失農時

苴行耶讒夫昌耶竊見北宮大作民失農時
此所謂宮室榮也自古非苦宮室小狹但患民
不安寧宜且罷止以應天心帝乃詔報曰湯
引六事咎在一人其冠履勿謝今又勅大匠止
作諸宮減省不急庶消災譴詔因謝公卿百
僚遂應時澍雨焉時詔賜降朝胡縑尚書
事誤以十爲百帝見簿大怒召郎將笞之
意因入叩頭曰過誤之失常人所容若以懈
慢爲愆則臣位大罪重郎位小罪輕咎皆在

【第二十四紙】

慢為愆則臣位大罪重郎位小罪輕咎皆在
臣〻當先坐乃解衣就格帝竟解使復冠
而貰郎帝性褊察好以耳目隱発為明故公
卿大臣數被讃毀近臣尚書以下至見提曳以
事怒郎藥崧以杖撞之崧走入林下帝怒甚
疾言曰郎〻出〻崧曰天子穆〻諸侯煌〻未
聞人君自起撞郎帝乃赦之朝廷莫不悚慄
爭為嚴切以避誅責唯意獨敢諫爭數封
遝詔書臣下過失輒救解之帝知其誠亦

還詔書臣下過失輒救解之帝知其誠款亦
以此故不得久留出爲魯相後德陽殿成
百官大會帝思意言謂公卿曰鍾離尚書若在
殿不立意卒遺言上書陳升平之世難以急
治宜少寬假帝感傷其意下詔嗟歎賜錢
廿萬宋均字叔庠南陽人也遷九江太守
郡多虎暴數爲民患常募設檻穽而猶多
傷害均到下記屬縣曰夫虎豹在山黿鼉在
水各有所託且江淮之有猛獸猶北土之有雞豚

水各有所託且江淮之有猛獸猶北土之有鷄豚
也今為人患咎在殘吏而勞勤張捕非憂卹之
本也其務退姦貪思進忠善可一去檻穽除削
課制其後傳言虎相与東遊渡江中元元年山
陽楚沛多蝗其飛至九江界者輒東西散去
由是名稱遠近縣有唐后二山民共祠之衆巫
遂取百姓男女以為山嫗歲歲改易而不敢嫁
娶前後守令莫敢禁斷均乃下書曰自今以
後為山娶者皆娶巫家勿擾良人於是遂絶

【第二十五紙】

後爲山娶者皆娶巫家勿擾良人於是遂絶
歲拜尚書令嘗刪翦疑事帝以爲有姧大怒
收郎縛格之諸尚書惶恐皆叩頭謝罪均
顧厲色曰蓋忠臣執義无有二心若畏威失正
均雖死不易志也小黄門在傍入具以聞帝善
其不撓即令貰郎遷均司隷校尉
寒朗魯國人也守侍御史与三府掾屬共考
案楚獄顔忠王平等辭連及遂郷侯耿建
朗陵侯臧信濩澤侯鄧鯉曲成侯劉逹

朗陵侯臧信濩澤侯劉鯉由成侯劉建

等餘未嘗与忠相見是時顯宗怒甚

吏皆惶恐諸所連及率一切陷入无敢以情恕

者朗心傷其冤試以建等物色獨問忠平而二

人朗心傷其冤誠以建等物色獨問忠平而二人

錯愕不能對朗知其詐乃上言建等无姦專

為忠平所誣疑天下無辜類多如此帝乃召朗

入問曰建等即如是忠平何故引之朗對曰

忠平自知所犯不道故多有虛引冀以自明也

【第二十六紙】

忠平自知所犯不道故多有虚引冀以自明也
帝曰即如是四侯无事何不早奏而久繫至今
邪朗對曰臣雖考之無事然恐海內別有
發其姦者故未敢時上帝怒罵曰吏持兩端促
提下左右方引去朗曰願一言而死小臣不
敢欺欲助國耳誠冀陛下一覺悟而已臣見
考囚在事者咸共言妖惡大故臣子所宜同疾
今出之不如入之可無後責是以考一連十考
十連百又公卿朝會陛下問以得失皆長跪言

十連百又公卿朝會陛下問以得失皆長跪言
舊制大罪禍及九族陛下大恩裁止於身天下
幸甚及其歸舍口雖不言而仰屋竊歎莫不
知其多冤無敢忤陛下者臣今所陳誠死
無悔帝意解詔遣朗出後二日車駕自幸洛
陽獄録囚徒理出千餘人
論曰左丘明有言仁人之言其利博哉晏
子一言齊侯省刑若鍾離意之就格請過
寒朗之廷爭冤獄篤矣乎仁者之情也

寒朗之廷争寃獄篤矣乎仁者之情也
東平王蒼顯宗同母弟也少好經書雅有
智思顯宗甚愛重之及即位拜驃騎將軍
位在三公上在朝數載多所隆益而自以至親
輔政聲望日重意不自安數上疏乞上印綬
退就藩国詔不敢其後數自陳乞辭甚懇切
乃許還国而不敢上將軍印綬加賜錢五
千萬布十万匹永平十一年蒼与諸王朝京師
月餘還国帝臨送歸宮悽然懷思乃遣使

【第二十七紙】

月餘還國帝臨送歸宮悽然懷思乃遣使
手詔諸國中傅曰辭別之後獨坐不樂因就
車歸伏軾而吟瞻望永懷實勞我心誦及
采菽以增歎息日者問東平王處家何等
最樂王言為善最樂其言甚大副是腰腹矣
肅宗即位尊重恩禮踰於前世諸王莫與
為比建初九年地震蒼上便宜帝從而上自朝廷
廷每有疑政輒驛使諮問蒼悉心以對皆見
納用帝饗衛士於南宮因從皇太后周行掖

納用帝饗衛士於南宮因從皇太后周行掖庭池閣乃閲陰太后舊時器服愴然動容乃命留五時衣各一襲及常所御衣餘悉分布諸王及子孫在京師者特賜蒼及琅耶王京書曰歳月騖過山陵浸遠孤心悽愴如何如何間饗衛士於南宮因閲視舊時衣物聞於師曰其物存其人亡不言哀而哀自至信矣惟王孝友之德亦豈不然今送光烈皇后假髻帛巾各一及衣一篋可時奉瞻以慰凱風寒泉之思

【第二十八紙】

一及衣一襲可時奉瞻以慰凱風寒泉之思
又欲令後生子孫得見先后衣服之制願王
保精神加供養苦言至戒望之如渇逢初六
年冬請朝帝許之後有司奏遣諸王帰国帝
特留蒼八月飲酎畢有司復奏遣蒼乃許之手詔
賜蒼曰骨肉天性誠不以遠近為親踈然數
見顔色情重昔時念王久勞思得還休欲
署大鴻臚奏不忍下筆顧授小黄門中心戀
戀惻然不能言於是車駕祖送流涕而訣蒼

悲惻然不能言於是車駕祖送流涕而訣蒼
薨後帝東巡狩幸東平宮追感念蒼謂其
諸子曰思其人至其鄉其處存其人亡因泣
下沾襟遂幸蒼陵祠以太牢親拜祠前哭泣
盡哀賜御劍於陵前而去
朱暉字文季南陽人也為尚書僕射是時
穀貴縣官經用不足朝廷憂之尚書張林
上言穀所以貴由錢賤故也可盡封錢一取
布帛為租以通天下之用又鹽食之急者

布臬帛為祖以通天下之囙又鹽食之急者
雖貴民不須官可自鬻焉又宜曰交阯益州上
計吏往來市珍寶收採其利武帝時所謂均輸
者也帝並之有詔施行暉獨奏曰王制天子
不言有无諸侯不言多少食祿之家不与
百姓爭利今均輸之法与賈販无異鹽利
歸官則下人窮怨布帛為祖則吏多姧盜
誠非明主所宜行也帝本以林等言為然得
暉重議因發怒切責諸尚書暉因稱病篤

【第二十九紙】

暉重議因發怒切責諸尚書暉因稱病篤
不肯復署議尚書令以下惶怖謂暉曰今臨
得譴讓柰何稱疾其禍不細暉曰行年八
十蒙恩得在機密當以死報若心不可而順
旨雷同負臣子之義今耳目無所聞見伏
待死命遂閉口不言諸尚書不知所為乃共
劾奏暉帝意解寝其事
袁安字邵公汝南人也為司徒時和帝幼弱
太后臨朝安以天子幼弱外戚擅權每朝會

太后臨朝安以天子幼弱外戚擅權毎朝會進見及与公卿言國家事未嘗不意嗚流涕自天子及大臣皆倚賴之章和四年薨朝廷痛惜焉後數月竇氏敗帝始親萬機追思前議者邪正之節乃除安子賞為郎

郭躬字仲孫潁川人也明法律有兄弟共殺人而罪未有所歸帝以兄不訓弟故報兄重而減弟死中常侍孫章宣詔誤言兩

【第三十紙】

兄重而減弟死中常侍孫章宣詔誤言兩
報重尚書奏章矯制罪當腰斬帝復召
躬問之躬對章應罰金帝曰章矯詔殺
人何謂罰金躬曰法令有故誤章傳
命之謬於事為誤〻者其文則輕帝曰章
与囚同縣疑其故也躬曰周道如砥其直
如矢君子不逆詐君王法天刑不可以委曲生
意帝曰善遷躬廷尉正
陳寵字昭公沛國人也章帝初為尚書是時

陳寵字昭公沛國人也帝初為尚書是時
承永平故事吏治尚嚴切尚書決事率近
於重寵乃上疏曰臣聞先王之政賞不僭刑
不濫與其不得已寧僭不濫陛下即位數
詔群僚弘崇晏晏而有司執事猶尚深刻
治獄者急於篣格酷烈之痛執憲者煩於
詆欺放濫之文或因公行私逞縱威福夫
為政猶張琴瑟大絃急者小絃絶故子貢非
臧孫之猛法而美鄭僑之仁政詩云不對不

臧孫之猛法而美鄭僑之仁政詩云不對不
柔布政優々方今聖德充塞格于上下宜
隆先王之道蕩滌煩苛之法輕薄箠楚以濟
群生帝敬納寵言每事務於寬厚其後
遂詔有司絕諸慘酷之科解妖惡之禁除
文致請讞五十餘事定著于令是後民俗
和平屢有嘉瑞
寵子忠字伯始擢拜尚書安帝初始親朝
事連有災異詔舉有道公卿百僚各上封

【第三十一紙】

事連有災異詔舉有道公卿百僚各上封
事忠以詔書既開諫爭慮言事者必多激切
或致不能容乃上疏豫通廣帝意曰臣聞
仁君廣山藪之大納切直之謀忠臣盡謇諤
之節不畏逆耳之害是以高祖舍周昌桀
紂之譬孝文嘉爰盎人豕之譏世宗納東
方朔宣室之正元帝容薛廣德自刎之切
昔者晉平公問於叔向曰國家之患孰為
大對曰大臣重祿不極諫小臣畏罪不敢

大對曰大臣重祿不極諫小臣畏罪不敢
言下情不上通此患之大者今明詔崇高宗
之德推宋景之誠引咎克躬諮訪群吏言事者
見杜根成翊世等新蒙表錄顯列二臺必
承風響應爭爲切直若嘉謀異策宜輒
納用如其管穴妄有譏刺雖苦口逆耳不
得事實且優遊寬容以示聖朝无諱之
嚱美若有道之士對問高者宜垂省覽特
遷一等以廣直言之路

【第三十二紙】

遷一等以廣直言之路
揚終字子山蜀郡人徵詣蘭臺拜校書郎
建初元年大旱穀貴終以爲廣陵楚淮
陽濟南之獄徙者數万人遠屯絶域吏民
怨曠乃上疏曰臣聞循善〻及子孫行惡〻
止其身百王常典不易之道也秦政酷烈違忤
天心一人有罪延及三族高祖平亂約法三章
太宗至仁除去收孥萬姓廓然蒙被更生
及艮虫切業萬世陛下聖明德被四表今以

及昆虫功垂萬世陛下聖明德被四表今以
比年之旱牛疫未息躬自菲薄廣訪得
失往代之隆無以加焉臣竊案春秋水旱
之變皆應應暴急惠不下流自永平以來
仍連大獄有司窮考轉相牽引掠治冤
濫家屬徙邊如以北征匈奴西開卅六國
又遠屯伊吾樓蘭車師戊己人懷土思怨結
邊域昔殷民近遷洛邑且猶怨望何况去
中土之肥饒寄不毛之荒極乎且愁困之民

【第三十三紙】

中土之肥饒寄不毛之荒極乎且愁困之民
足以感動天地移變陰陽矣惟陛下留念
省察以濟元元絕西域之國不以介鱗易我
衣裳今伊吾之役樓蘭之屯久而不還非
天意也帝從從之聽還徙者悉罷邊屯
龐參字仲達河南人也順帝以爲大尉是
時三公之中參名忠直數爲左右所陷以所
舉用忤帝旨司隸承風案之時會茂才孝廉
上計掾廣陵段恭因會上疏曰伏見道路

【第三十四紙】

上計掾廣陵臧旻上疏曰伏見道路
行人農夫織婦皆曰太尉龐參竭忠盡節徒
以直道不能曲心孤立羣邪之間自處中傷
之地臣猶冀陛下之世當蒙安全而復以讒
佞傷毀忠正此天地之大禁人主之至誡昔白
起賜死諸侯酌酒相賀季子來歸魯人喜
其紓難夫国以賢治君以忠安今天下咸
欣陛下有此忠賢願卒寵任以安社稷書奏
詔即遣小黃門視參疾太醫致羊酒復爲

詔曰遣小黄門視奉疾太毉致羊酒復焉

太尉

崔駰字亭伯涿郡安平人也竇太后臨
朝竇憲以重戚出内詔命駰獻書戒之曰
生而富者驕生而貴者傲生富貴而能不
驕傲者未之有也今寵禄初隆百僚觀行
當堯舜之盛世處光華之顯時豈可不庶
幾夙夜以永衆譽弘申伯之美致周邵之
事乎語曰不患無位患所以立昔馮野王

【第三十五紙】

事乎語曰不患無位患所以立昔馮野王
以外戚居位稱為賢臣近陰衛尉克己復禮
終受多福郅氏之宗非不尊也陽侯之族非
不盛也重侯累將建天樞執斗柄其所以獲
譏於時垂愆於後者何也蓋在滿而不挹位
有餘而不足也漢興以後迄于哀平外家廿
保族全身四人而已書曰鑒于有殷可不慎
哉夫謙德之光周易所美滿溢之位道家
所戒故君子福大而愈懼爵隆而益恭遠

所戒故君子福大而愈懼爵隆而益恭遠
覽前世所有則銘諸机杖刻諸槃杅
矜矜業業無殆無荒如此則百福是荷慶流无
窮矣及憲為車騎將軍辟駰為掾憲擅權
驕恣駰數諫之及出擊匈奴道路愈多不
法駰為主簿前後奏記數十指切長短憲
不能容稍疏之因察駰高第出為長岑長駰
自以遠去不得意遂不之官而歸卒於家

群書治要卷第廿二

首巻點事子細閲了巻第廿

一巻

越州刺史平

書
廿三
圖書寮
117
48
3

群書治要卷苐廿三　秘書監鉅鹿男臣魏徴等奉　勅撰

後漢書三　列傳

楊震字伯起弘農人也遷東莱太守道經昌邑故所舉茂才王密爲昌邑令謁見至夜懐金十斤以遺震震曰故人知君君不知故人何也密曰暮夜无知者震曰天知神知我知子知何謂无知密愧而出後

我知子知何謂无知慚愧而出後轉涿郡太守性公廉子孫常飢食步行故舊長者或欲令爲開產業震曰使後世稱爲清白吏子孫以此遺之不亦厚乎爲司徒安帝乳母王聖因保養之勤緣恩放恣聖女伯榮出入宮掖傳通姦賂震上疏曰臣聞政以得賢爲本治以去穢爲務是以唐虞俊乂在官四

去穢爲務是以唐虞俊乂在官四
凶流放天下咸服以致雍熙方今
九德未事嬖倖充庭阿母王聖出自

【第二紙】

賤微得遭千載奉養聖躬雖有
推乾居溼之勤前後賞惠過報勞
苦而无厭之心不知紀極外交屬託
擾乱天下損辱清朝塵點日月書誡
牝雞雄鳴詩刺哲婦喪國夫女子
小人實爲難養宜速出阿母令居

小人實爲難養宜速出阿母令居外舍斷絶伯榮莫使往來令恩德兩隆上下俱美惟陛下絶婉孌之私割不忍之心留神萬機誡慎拜爵減省獻御損節徵發令野无鶴鳴之歎朝无小明之悔大東不興於今勞止不怨於下擬蹤往古比德哲王豈不休哉奏御帝以示阿母等内幸（倖）皆懷忿恚而伯榮驕淫尤甚與（御）

【第三紙】

内皆懷忿恚而伯榮驕溢尤甚與
故朝陽侯劉護從兄瓌交通瓌遂以為
妻得襲護爵位至侍中震深疾之
復詣闕上疏曰臣聞高祖與群臣
約非功臣不得封故經制父死子繼兄
亡弟及以防篡也伏見詔書封故朝
陽侯劉護再從兄瓌襲護爵為侯
護同産弟威今猶見在臣聞天子
專封〻有功諸侯專爵〻有德今瓌

專封々有功諸侯專爵々有德今瓌
元他功行但以配阿母女一時之間既
忝侍中又至封侯不稽舊制不合經
義行人諠譁百姓不安陛下宜覽既
往順帝之則書奏不省時詔遣使者
大爲阿母治第中常侍樊豐及侍中周
廣謝惲等更相扇動傾搖朝廷震復上
疏曰臣伏念方今災害發起百姓空虛不
能自贍重以羌虜鈔掠三邊震擾兵

能自贍重以羌虜鈔掠三邊震擾兵
甲單粮不能復給大司農帑藏匱乏
殆非社稷安寧之時伏見詔書爲阿母興
起津城門内第舍兩爲一連里竟街雕治
繕飾窮極枝巧轉相迫促爲費巨億周
廣謝惲兄弟與國无肺腑枝葉之屬依
倚近倖分威共權屬託州郡傾動大
臣宰司辟召承望旨意招來海内貪汙之人
受其貨賂至有贓錮棄世之徒復得顯用白

【第四紙】

受其貨賂至有贓棄世之徒復得顯用白
黑溷渚清濁同源天下諠譁為朝結譏臣
聞師言上之所取財盡則怨力盡則剌怨剌
之民不可復使惟陛下度之豐惲等見震
連切諫不從无所顧忌遂詐作詔書調發
司農錢穀大匠見徒材木各起家舍池盧
觀閣侈貴无數震因地震復上疏前後所上
轉有切至帝既不平之而樊豐等皆側目憤怨
俱以其大儒未敢加害尋有河間男子趙

但以其大儒未敢加害尋有河間男文趙
騰詣闕上書指陳得失帝發怒遂收考詔
獄結以罔上不道震復上疏救之曰臣聞堯
舜之世諫鼓謗木立之於朝殷周哲王小
人怨詈則洗目改聽所以達聰明開不諱
博採負薪盡極下情也今趙騰所坐激訐
謗語為罪與手刃犯法有差乞為虧
除全騰之命以誘芻蕘輿人之言帝不省騰
竟伏尸都市會東巡岱宗樊豐等因乘輿有

【第五紙】

竟伏尸都市會東巡岱樊豐等因乘輿有
外競治弟宅召震大匠史令考挍之得豐
等所詐下詔書具奏須行還上之豐等聞惶
遂共譖震云自趙騰死後深用怨懟且
劉氏故吏有恚恨心及車駕行還遣使者
策收震太尉印綬震於是柴門絕賓豐
等復惡之乃請大將軍耿寶奏震大臣不服
罪懷恚望有詔遣歸本郡震行至城西几陽
亭乃慷慨謂其諸子門人曰死者士之常分吾蒙

震乃慷慨謂其諸子門人曰死者人之常分吾蒙
恩居上司疾奸臣狡猾而不能誅悪避孽傾
乱而不能禁何面目復見日月身死之日
以雜木為棺布單被裁足蓋形勿歸冢次
勿設祭祠因飲酖而卒震中子秉字叔節
延熹五年為太尉是時宦官方熾中常侍
侯覽弟參為益州刺史累有贓罪暴虐所
秉劾奏參檻車徵詣廷尉參自殺事因
奏覽及中常侍具瑗免覽官而削瑗國每

奏覽及中常侍具瓌先覽官而削瓌因每
朝廷有失得輙盡忠規諫多見納用事性
不飲酒嘗從容言曰我有三不惑酒色財也
事子賜字伯獻爲司徒生辟黨人先復辞
光祿大夫和元年有蜺晝降於嘉德殿前帝
惡之引賜入金商門使中常侍曹節王甫
問以祥異禍福所在賜仰天而歎謂節等曰
吾每讀張禹傳未嘗不憤恚歎息既不能竭
忠盡情極言其要而反留意少子乞還女壻

悉盡情極言其要而反留意少子乞還女壻
至令朱游得尚方斬馬劍以治之固其耳
也吾以微薄之學充師傳之末累世見寵无
以報國猥當大問死而後已及于書對曰臣
聞之經傳或得神以昌或得神以亡國家休明則
鑒其德邪僻昏亂則視其禍今殿前之氣
應為虹蜺皆妖邪所生不正之象詩人所謂蝃
蝀者也今內多嬖倖外任小臣上下並怨諠
譁盈路是以災異屢見前後丁寧今復

詳盈路是以災異屢見前後丁寧今復
投蜺所謂熟矣易曰天垂象見吉凶聖人則
之今妾媵嬖人閹尹之徒共專國朝欺罔日月
又鴻都門下招會群小造作賦說以蟲篆小
技見寵於時如讙兜共工更相薦說旬月之閒
並各拔擢樂松處常伯任芝居納言郤儉梁
鵠以便辟之性佞辯之心各受豐爵不次之
寵而令搢紳之徒委伏畎畝口誦堯舜之言蹈
絕俗之行棄捐溝壑不見逮及冠履倒易

【第七紙】

絶俗之行棄損滿盈不見遠及罪觴罰易
陵咨代寵從小人之邪意順无知之私欲不
念板蕩之作虺蜴之誡哉之危莫過於今
幸頼皇天垂象譴告周書曰天子見怪則脩
德諸侯見怪則脩政惟陛下愼經典之誡
圖變復之道斥遠佞巧之臣速徵鶴鳴之
士内親張仲外任山甫斷絶尺一抑止盤遊留
思庶政无敢怠遑冀上天還威衆變可弭耆
過受師傅之任數蒙寵異之恩豈敢愛惜垂

【第八紙】

過受師傅之任數蒙寵異之恩豈敢愛惜垂
沒之年而不盡其慺慺之心哉　張晧字叔
明犍為人也子綱字文紀為侍御史時順帝
委縱宦官有識危心綱常感激慨然歎曰穢
惡滿朝不能奮身出命掃國家之難雖
生吾不願也退而上書曰詩云不愆不忘率
由舊章尋大漢初隆及中興之世文明二帝
德化尤盛觀其治為易循易見但恭儉守節
約身尚德而已中官常侍不過兩人近倖賞

【第九紙】

約身尚德而已中官常侍不過兩人近倖賞
賜裁滿數金惜費重民故家給人足而頃者
以來不遵舊典无功小人皆有官爵富之驕之
而復害之非愛民重器承天順道者也伏願
陛下割損左右以奉天心書奏不省漢安元
年選遣八使巡行風俗皆耆儒知名多歷顯位
唯綱年少官次最微餘人受命之部而綱獨埋
其車輪於洛陽都亭曰豺狼當路安問狐狸
遂奏曰大將軍冀河南尹不疑蒙外戚之援荷

【第十紙】

遂奏曰大将軍河南尹不疑家外戚之援荷
國厚恩以芻蕘之姿居阿衡之任不能敷五教
翼讃日月而専為封豕長蛇肆其貪叨之心好貨
縦容無厭多樹諂諛以害忠良誠天威所不赦大辟
所宜加也謹條其無君之心十五事斯皆臣子
所以切歯者也書奏徹京師震悚時冀妹為皇
后内寵方盛諸梁姻族滿朝帝雖知紹言直終不
忍用時廣陵賊張嬰等衆數萬人殺刺史
二千石寇乱揚徐間積十餘年朝廷不能討

二千石後乱揚徐間積十餘年朝廷不能討
冀乃諷尚書以綱為廣陵太守因欲以事之
中前遣郡守率多求兵馬綱獨請單車之
職既到乃將吏卒十餘人徑造嬰壘申示國恩嬰
初大驚既見綱誠信乃出拜謁綱延置上坐問
所疾苦乃譬之曰前後二千石多肆貪暴故致
公等懷憤相聚二千石信有罪矣然為之者
又非義也今主上仁聖欲以文德服叛故遣太
守思以爵祿相榮不願以刑罰相加今誠轉禍為

【第十一紙】

守愚以爵祿相榮不顧以刑罰相加今誠轉禍爲
福之時也若聞義不服天子赫然震怒剋揚
兗豫大兵雲合豈不危乎若不料彊弱非明
也棄善取惡非智也去順效逆非忠也身
絶無嗣非孝也背正從邪非直也見義不爲非
勇也六者成敗之幾利害所從公其深計之
嬰聞之泣下曰蒸庶愚民不能自通朝廷
不堪侵枉遂復聚相偷生若魚遊釜中喘息
頃臾間耳今聞明府之言乃嬰等更生之辰

頃史間耳令聞明府之言乃嬰等更生之辰
也既陷不義實恐投兵之日不免孥戮經
日約之以天地誓之以日月嬰深感悟乃辭還
營明日將所部萬餘人與妻子面縛歸降綱乃
單車入嬰壘大會置酒為樂散遣部衆任
從所之親為卜居宅相田疇子弟欲為吏者
皆引召之民情悅服南州晏然朝廷論功
當封梁冀遏絶乃止天子嘉美欲擢用綱而
嬰等上書乞留乃許之綱在郡一年卒百姓老

嬰等上書乞留乃許之綱在郡一年卒百姓老
弱相攜詣府赴哀者不可勝數綱自被疾吏
民咸為祠祀求福皆言千秋萬世何時復見
此君張嬰等五百餘人制服行喪送到犍為
負土成墳詔拜綱子續為郎中賜錢百萬
种暠字景伯河南人也舉孝廉擢暠監太
子於承光宮中常侍高梵從中單駕出迎太
子時太傅杜喬等疑不欲從惶惑不知所為暠
乃手劒當車曰太子國之儲副民命所係今常

【第十二紙】

乃手劒當車日太子國之儲副民命所係今常
侍來无詔侍何知非姧邪今日有死而已棱辭
屈馳令奏之詔報太子乃得去高退而歎息愧
暠臨事不惑帝亦嘉其持重稱善者良久
出爲益州刺史宣恩遠夷開曉殊俗岷山雜
落皆懷服漢德焉　劉陶字子奇一名偉
川人也時大將軍梁冀專朝而桓帝无子連歲
荒飢災異數見陶時遊大學乃上疏陳事曰臣
聞人非天地无以爲生天地非人无以爲靈是

聞人非天地无以為生天地无以人无以為靈是
故帝非民不立民非帝不寧夫天之與帝帝之
與民猶頭之與足之相須而行也伏惟陛下龔
常存之慶脩不易之制目不視鳴條之事耳不
聞檀車之聲天災不有痛於肌膚震蝕不即
損於聖體故蔑三光之謬輕上天之怒伏念高
祖之起始自布衣合散扶傷克成帝業功既
顯矣勤亦至矣流稱遺祚至於陛下陛下既
不能增明烈考之軌而忽高祖之勤妄假利器

不能增明烈考之軌而忽高祖之勤妄假利器
委授國柄使群醜刑隸芟刈小民彫弊諸夏虐
流遠近故天降衆異以戒陛下不悟而競令虎
豹窟於麑場豺狼乳於春囿斯豈唐咨禹稷
益典朕虞之意哉又令牧守長吏上下交競封
豕長蛇吞食天下貨殖者為窮冤之魂貧餧者
作飢寒之鬼高門獲雨觀之辜豐室羅妖剌
之罪死者悲於窀穸生者戚於朝野是愚臣
所為咨嗟長懷歎息者也且秦之將亡正諫者

所爲咨嗟長懷歎息者也且秦之將亡正諫者
誅諛進者賞嘉言結於忠舌國命出於讒口
擅閻樂於咸陽授趙高以車府權去已而不知威
離身而弗顧古今一揆成敗同勢願陛下遠覽
強秦之傾近察哀平之變得失昭然禍福可見
臣敢吐不時之議於諱言之朝猶冰霜見日必至
消滅臣始悲天下之可悲今天下亦悲臣之愚惑
也書奏不省是時天下日危寇賊方熾陶復上
疏曰臣聞事之急者不能安言心之痛者不能

疏曰臣聞事之急者不能安言心之痛者不能
緩聲竊見天下前遇張角之乱後遭邊章之寇
每聞羽書告急之聲心灼內熱四體驚竦今西
羌逆類曉習戰陳變詐萬端軍吏士民悲愁
相守人有百走退死而无一前鬬生之計西寇
浸前去營咫尺胡騎分布已至諸陵將軍張溫天
性精勇而主者旦夕迫促軍无後殿假令失利其敗
不救臣自知言數見厭而言不自裁者以爲國安則臣
蒙其慶國危臣亦先亡也謹復陳當今要急八事乞

【第十四紙】

蒙其慶國危臣亦先亡也謹復陳當今要急八事七
須臾之間深垂納省其八事大較言天亂皆由宦官
宦官事急共讒陶曰前張角事發詔書示以
威恩自此以來各各改悔今者四方安靜而陶疾害聖
政專言妖孽州郡不上陶何緣知疑陶與賊通情
於是收陶下獄掠治日急陶自知必死對使者曰朝
廷前封臣云何令反受邪讒恨不與伊呂同疇而
以三仁爲輩遂閉氣而死天下莫不痛之李雲
字行祖甘陵人也擧孝廉遷白馬令桓帝誅大

字行祖甘陵人也舉孝廉遷白馬令桓帝誅大
將軍梁冀而中常侍單超等五人皆以誅冀功並封
列侯專權選舉又立掖庭女亳氏為皇后數月間后
家封者四人賞賜巨萬是時地數震裂眾災頻降
雲素剛憂國將危心不能忍乃露布上書移副三
府曰臣聞皇后天下之母德配坤靈得其人則五
氏來備不得其人則地動搖宮比年災異可謂多
矣皇天不可之戒可謂至矣舉厝重不可不慎班功
行賞宜應其實梁冀雖持權專擅虐流天下今

【第十五紙】

行賞宜應其實梁冀雖持權專擅虐流天下今以罪行誅猶臣家私殺之耳而猥封謀臣萬戶以上高祖聞之得無見非西北列將得無解體耶孔子曰帝者諦也今官位錯乱小人諂進財貨公行政治日損尺一拜用不經御省是帝欲不諦乎得奏震怒下司隸逮雲送獄使中常侍管霸與御史廷尉雜考之時弘農五官掾杜衆傷雲以忠諫獲罪上書願與雲同日死帝愈怒遂下廷尉大鴻臚陳蕃上疏救雲曰李雲所言雖不識禁忌

鴻臚陳蕃上疏救雲曰李雲所言雖不識禁忌
干上逆旨其意歸於忠國而已昔高祖忍周昌不
諱之諫成帝赦朱雲腰領之誅今殺雲臣恐剖心
之譏復議於世矣故敢觸龍鱗冒昧以請太常楊秉
洛陽市長沐茂郎中上官資並上疏請雲帝恚
甚有司皆奏以為大不敬詔切責蕃免歸田
里茂資貶秩二等雲衆皆死獄中
劉瑜字季節廣陵人也舉賢良方正及到
京師上書陳事曰臣在下土聽聞歌謠驕臣之

京師上書陳事曰臣在下土聽聞歌謠驕臣之
事遠近呼嗟之音竊為辛楚泣血漣如陛下
且以須臾之慮覽今往之事民何為咨曷為
動變邪蓋諸侯之位上法四七關之盛衰者也
今中官邪孽比肩裂土皆競立胤嗣繼體傳
爵或乞子疏屬或買兒市道殆乖開國承家
之義古者天子一娶九安姪娣有序今女嬖令
色充積閨帷皆當盛其玩飾冗食空宮勞
精神生長六疾此國之費也性之傷也且天地之

【第十六紙】

精神生長六疾此國之貴也性之傷也且天地之
性陰陽正紀隔絶其道則水旱爲并又常侍門
亦廣妻娶怨毒之氣結成妖眚行路之人
言官奪略人女取而復置轉相驚懼孰不悉
緣空生此謗也鄒衍匹夫杞氏匹婦尚有城崩
霣之異況乃群輩咨嗟能無感乎昔秦作阿
房國多刑人今第舍增多窮極奇巧掘山攻石
不避時令促以嚴刑威以峻法民无罪而覆民
有田而覆奪之民愁鬱結起入賊黨輙兵討

有苗而覆釜之民愁欝結起入賊黨輙兵討
誅其罪貧困之民或有賣其首級以要酬賞
父兄相殘身妻孥相視分裂窮之被戈如此
豈不痛哉又陛下以北辰之尊神器之寄而微行
近習之家私幸宦者之舍賓客市買熛灼
【第十七紙】
道路因與暴縱无所不容今三公在位皆博達
道藝而莫或達蓋者非不智也畏死罰也惟陛
下設置七臣以廣諫道遠佞邪之人放鄭衛之聲
【第十八紙】
治致和平德感祥風矣於是特詔召瑜拜為議

治致如平德感祥風矣於是特詔台瑜拜爲議
虞詡字升卿陳國人也永建元年爲司隷校
尉時中常侍張防特用權勢每請託受取詡輒
之而屢寢不能詡不勝其憤乃自繫廷尉奏
曰昔孝安皇帝任用樊豐遂交亂嫡統幾亡社
稷令者張防復弄威柄國家之禍將重至矣臣
不忍與防同朝謹自繫以聞無令臣襲楊震之
跡書奏防流涕訴帝詡坐論左校防必欲之百
中傳考四獄宦者孫程寺知詡以忠獲罪乃

【第十九紙】

中傳考四獄寵者孫程等知詡以忠獲罪乃相率奏曰陛下始與臣等造事之時常疾姦臣知其傾國今者即位而復自為何以非先帝司隸校尉詡為陛下盡忠而更被拘繫常侍張防臧罪明正反構忠良今客星守羽林其占宮有姦臣宜急收防送獄以天變防坐徙邊即日赦出詡拜議郎遷尚書僕射先是陽主簿闕訴其縣令之枉積六七歲不省主簿乃上書曰臣為陛下子陛下為臣父臣章百上終見省臣寧可北詣單

【第二十紙】

乎陛下爲臣父臣章百上終見省臣可北詣單
于以告冤乎帝大怒持章示尚書遂剢劾以
大逆訓駮曰主薄所訴乃君父之怨百上不達
是有司之過愚惷之民不多誅帝納訓言笞
之而已訓好剌舉無所回容數忤權戚遂以見
譴考三遭刑罰而對正之佳終老不屈遷尚書令
傅燮字南容北地人也爲護軍司馬與左中
郎皇甫嵩俱討賊張角燮素疾中官既行
因上疏曰臣聞天下之禍不由於外皆興於

曰上䟽曰臣聞天下之禍不由於外皆興於内是故虞舜升朝先除四凶然後用十六相明惡人不去則善人無由進也今張角起於趙魏黄巾亂六州此皆釁發蕭墻而禍延四海者臣受戒任奉辭伐罪始到潁川戰無不剋黄巾雖盛不足為廟堂憂也臣之所懼在於治水不息其源末流彌增其廣耳陛下仁德寛容多所不忍故閹豎擅權忠臣不進誠使張角梟夷黄巾變服臣之所憂愈益深耳何者夫邪正之人不宜共國亦猶氷

憂愈深耳何者夫邪正之人不宜共國亦猶冰炭不可同器彼知正人之功顯而危亡之地見皆將巧辭飾説共長虛偽夫孝子疑於屢至市虎咸於三夫若不詳察真偽忠臣將復有杜郵戮之失陛下宜思昇四罪之舉速行讒佞放逐之誅則善人思進姦凶自去矣臣聞忠臣之事君猶孝子之事父也子之事父焉得不盡其情使臣身備鈇鉞之戮陛下少用其言國之福也書宦者趙忠見而忿惡及破張角燮功多當

書宦者趙忠見而忿惡及破張角燮巧功多當
封忠訴譖之竟亦不封以為安定都尉頃之趙
忠為車騎將軍詔忠論討黃巾之功執金吾舉
等謂忠曰傅南容前在東軍有功不侯故天
下失望今將軍親當重任宜進賢理屈以副
眾心忠遣弟延致殷勤延謂燮曰南容少答我
常萬戶侯不足得也燮正色拒之曰遇與不遇命
也有功不論時也傅燮豈求私賞哉忠愈懷
權貴亦多疾之是以不得留出為漢陽太守

【第二十二紙】

權貴亦多疾之是以不得留出為漢陽太守
賊圍漢陽城中兵少粮盡燮猶固守時北地
胡騎數千随賊攻郡皆風懐燮恩共於城外叩
頭求燮帰郷里子幹進曰國家昏乱遂令大人
不容於朝今天下已判而兵不足自守郷里羌
胡先被恩徳欲令棄郡而帰願必許之言未終燮
慨然而歎曰盖聖達節次守節且殷紂之暴伯
夷食周粟死今朝廷不甚殷紂吾徳亦豈絶伯
世乱不能養皓然之志食禄人間欲避其難乎

世乱不能養皓然之志食祿人間欲避其難字
吾行何之遂麾左右進兵臨陳戰授諡曰壯
節侯蓋勳字元固敦煌人也為漢陽長史時
武威太守倚恃權勢恣行貪横從事武都蘇
正和案致其罪涼州刺史梁鵠畏懼貴戚欲殺
正和以免其負乃訪之於勳勳素與正和有仇乃諫
鵠曰夫紲食鷹鳶欲其鷙鷙而烹之將何用哉鵠
從其言正和喜於得免而詣勳求謝勳不見曰吾
為梁使君謀不為蘇正和也怨之如初徵拜討虜

為梁使君謀不為穌正和也惡之如初徵拜討虜
校尉靈帝召見問天下何苦而反乱如此勳曰倖
臣子弟擾之時宦者上軍校尉蹇碩在坐帝顧
問碩碩懼不知所對而以此恨勳司隷校尉張
温舉勳為京兆尹帝方欲延接勳而蹇碩等忌
憚之並勸從温奏遂拜京兆尹時長安令楊黨父
為中常侍恃勢貪放勳案得其贓千餘萬
貴戚咸為之請勳不聽具以事聞并連黨
父有詔窮治威震京師時小黄门京兆高望

【第二十四紙】

父有詔窮治威震京師時小黄門京兆高望
為嘗藥監倖於皇太子太子因蹇碩屬望子
進為孝廉勲不肯用或曰皇太子副主望其所愛
碩帝之寵臣而子違之所謂三怨成府者也勲
曰選賢所以報国也非賢不挙死亦何悔勲身
廢少帝殺何太后勲與書伊尹霍光権以立功
猶可寒心足下小醜何以終此賀者在門弔者在廬
可不慎哉卓得書意甚憚之徴為議郎自
公卿以下莫不卑下於卓唯勲長揖争礼見者

公卿以下莫不卑下於卓唯勲長揖争礼見
皆為失色勲雖強直不屈而內厭於卓不得
意疽發背卒遺令勿受卓賻贈
蔡邕字伯喈陳留人也霊帝時信任閹豎
災變數見天子引咨詢群臣各陳政要邕上封事臣
聞古者取士諸侯歳貢孝武之世郡擧孝廉
又有賢良文學之選於是名臣出焉文武並
興漢之得人數路而已夫書畫辭賦才之小者
匡国理政未有其能陛下即位之初先涉經術

【第二十五紙】

匡國理政未有其能陛下即位之初先涉經術
聽政餘日觀省篇章聊以遊意當代博奕非以
爲教化取士之本也而諸生競利作者鼎沸
其高者頗引經訓風喩之言下則連偶俗語
有類俳優或竊成文虚冒名氏臣每受詔於
盛化門差次録第其未及者亦復隨輩皆見
拜擢既加之恩難復收改但守奉祿於義已
弘不可復使治民及仕州郡昔孝宣會諸儒
於石渠章帝集學士於白虎通經釋義其

於石渠章帝集學士於白虎通經釋義其
事優大武之道所宜從之若乃小能小善雖
有可觀孔子以爲致遠則泥君子故當志其大
者也又特詔問曰比災變互生未知厥咎朝廷
燋心載懷恐懼每訪群二庶聞忠言而各存括
囊莫肯盡心以邕經學深奧故密特稽問
宜披露失得指陳政要勿有依違自生疑諱
對曰臣伏思諸異皆亡國之怪也天於大漢殷
勤不已故屢出袄變以當譴責欲令人君感悟改危

勤不已故出妖變以當譴責欲令人君感悟改危
即安災異之發不於他所遠則門垣近在寺署
其為監戒可謂至切蜺墮雞化皆婦人干政之
致也前乳子母趙嬈貴重天下生則貲藏侔於
則丘墓踰於園陵兩子受封兄弟典郡續
以永樂門史霍玉依阻城社又為姦邪今者
道路紛紛復云有程大人者察其風聲將為國
患宜高堤防明設禁令深惟趙霍以為至戒今
聖意勤勤思明邪正所聞太尉張顥為玉所進

【第二十六紙】

聖意勤〻思明邪正而聞太尉張顥為玉所進光祿勳璋有名貪濁又長水校尉趙玹長騎校尉蓋升並叨時幸榮富優足宜念小人在位之咎退思引身避賢之福伏見廷尉郭禧純厚老成光祿大夫橋玄聰達方直故太尉劉寵忠實守正並宜為謀主數見訪問夫宰相大臣君之四體委任責成優劣已分不聽納小吏雕琢大臣也又尚方工技之作鴻都篇賦之文可消息以示惟憂詩云畏天之怒不敢戲豫

可消息以示惟憂詩云畏天之怒不敢戲豫文武誠不可戲也夫君臣不密上有漏言之戒下有失身之禍願寢臣表无復盡忠之吏爰怨姧究竟奏帝覽而歎息因起更衣曹節扵後視之悉宣語左右事遂漏露其為邕所裁黜者皆側目思報初邕與司徒劉郃素不相平而非文衛尉質又與將作大近楊珠有隙珠即中帝侍程璜女夫也璜遂使人飛章言邕質數以私事請託扵郃郃不聽邕含隱切志欲

邕質數以事請託於郃郃不聽邕含隱切志欲
相中傷於是下邕質於洛陽獄劾以仇怨奉
公議害大大不敬棄市事奏中常侍呂強愍
邕無罪請之帝亦更思其章有詔減减死一
等與家屬髡鉗徙朔方不得以赦令除
左雄字伯豪南陽人也舉孝廉拜議郎時
順帝新立朝多闕政雄數言事其辭深切尚
書僕射虞詡以雄有忠公節上疏薦之曰臣見
方今公卿下類多拱默以樹恩為賢盡節為

方今公卿下類多拱默以樹恩為賢盡節為
愚至相戒曰白璧不可為容容多後福伏見議
郎左雄數上對事至引陛下身遭難厄以為
警戒實有王臣蹇蹇之節周公謨成王之風
宜擢在喉舌之官必有匡弼之益由是拜尚
書令上疏陳事曰臣聞柔遠和邇莫大寧〻
民〻務莫重用〻賢〻之道必存考黜大漢受
命雖未復古然至於景天下康乂誠由玄靖寬
柔克慎官人故也降及宣帝興於仄陋綜覈

柔克慎官人故也降及宣帝興於仄陋綜覈
名實知世所病以爲吏數變易則下不安業
久於其事則民服教化其有治理者輒以璽
書勉厲增秩賜金是以吏稱其職民安其業
漢世良吏於茲爲盛故能降來儀之瑞建中
興之功漢初至今三百餘載俗浸彫弊巧僞
僞滋萌下飾其詐上肆其殘典城俗百里轉
動無常各懷一切莫慮長久謂殺害不辜爲
威風聚斂整辯爲賢能以脩己安民爲劣弱奉

【第二十八紙】

威風聚斂懃辯爲賢能以脩己安民爲劣薾奉
法循理爲不治髡鉗之戮生於睚眥覆戶之禍
成於喜怒視民如寇讎稅之如豺虎監司見
非不舉聞惡不察觀政於亭傳責成於朞月
言善不稱悳論功不據實虛誕者獲譽拘檢者
離毀州宰不覈競共辟召或考奏捕治而亡不
受罪會赦行賂復見洗滌朱紫同色清濁不
分故使姦猾枉濫輕忽去就拜除如流數動百
數特選横調紛紛不絶送迎煩費損政傷民

數特選横調紛〻不絶送迎煩費損政傷民
和氣未洽災眚不消咎皆在此臣愚以爲鄉部
親民之吏皆用儒生清白任從政者寛其負筭
增其秩祿吏職滿歲宰府州郡乃得辟舉如
此威福之路塞虛僞之端絶送迎之役損賦斂
之言息循理之吏得成其化率土之民各寧其所
帝感其言申下有司考其眞僞雄之所言皆明
達治體而官豎擅權終不能用雄復諫曰臣
聞人君莫不好忠正惡讒諛然而歷世之患

【第二十九紙】

聞人君莫不好忠正惡讒諛然而歷世之患
莫不以忠正得罪讒諛蒙倖者蓋聽忠難從諛
易也夫刑罪人情之所甚惡貴寵人情之所甚欲
是以世俗爲忠者少而習諛者多故令人主數
聞其美稀知其過迷而不悟至於危亡也
周擧字宣光汝南人也爲尚書是時三輔大旱
五穀傷災天子親自策問擧對曰夫陰陽閉隔
則二ゝ氣ゝ否ゝ塞ゝ則人ゝ物ゝ不ゝ昌ゝ則
ゝ風ゝ雨ゝ不ゝ時ゝ則水旱成災陛下處唐

風雨不時則水旱成災陛下處唐虞之位未行堯舜之政變文帝世祖之法循亡秦奢侈之欲內積怨女外有曠夫今皇嗣不興東宮未立傷和逆理斷絕人倫之所致也非但陛下行此而已豎宦之人亦復虛以形勢威侮良家取女閉之至有白首歿无配偶逆於天心昔武王入殷出傾宮之女成湯遭災以六事剋己自枯旱以來彌歷年歲未聞陛下改過之效徒勞至尊暴露風塵誠无益也又下州郡祈神致

勞至尊曝露風塵誠无益也天下州郡祈神致
請昔齊有天旱景公欲祀河伯晏子諫曰夫河伯以
水為城國魚鼈為人民水盡魚枯豈不欲雨自
是不能致也陛下所行但務其華不尋其實
猶緣木希魚却行求前也誠宜推信革政崇
道變感出後宮不御之女理天下冤枉之獄
除太官重膳之費臣才薄智淺不足以對惟
陛下留神裁察以舉為司徒　李固字子
堅漢中人也陽嘉二年有地動山崩火災之
（後漢書摺本云子堅云々）

竪漢中人也陽嘉二年有地動山崩火災之
異公卿舉固對策詔又特問當世之弊為政（後漢書揩李固字子堅云々）
所宜固對曰臣聞王者父天母地寶有山川王
道得則陰陽和理政化乖則崩震為災斯皆
関之天心效於成事者也夫治以職成官由能理
古之進者有德有命今之進者唯財與力
伏聞詔書務求寬博疾惡嚴暴而今長吏多
殺伐致聲名者必加遷賞其存寬和无黨援
者輒見斥逐是以淳厚之風不宣彫薄之俗未

若拯見斥逐是以淳厚之風不宣彫薄之俗未
革雖繁刑重禁何能有益前孝安皇帝變乱
舊典封爵阿母因造妖孽使樊豊之徒乘權
放恣侵奪主威改乱嫡嗣至令聖躬狼狽親遇
其難既拔自困龍興即位天下喁〻屬望風
政積弊之後易致中興誠當沛然思惟善道而論
者猶云方今之事復同於前臣伏從山草痛心傷膽
今宋阿母雖有大功勤謹之悳但加賞賜足以酬
其勞苦至於裂土開國實乖舊典夫妃后之家

其勞昔至於裂土開国實乖舊典夫妃后之家
所以少完全者豈天性當然但以爵位尊顯專總權
柄天道惡盈不知自損故至顛仆先帝寵遇
閻氏位号太疾故其受禍曾不旋時今梁氏
戚爲椒房禮所不臣尊以高爵尚可然也而
子弟群従榮顯兼加永平建初故事殆不如
此宜令步兵校尉冀及諸侍中還居黄門
之官使權去外戚政歸國家豈不休乎
又宜罷退宦官其權重裁置常侍二

【第三十一紙】

又宜罷退宦官其權重裁置常侍二
人省事左右小黄門五人給事殿中如前
論者厭塞升平可致也帝覽其對多所
納用即時出阿母還弟舍諸常侍悉叩
頭謝罪朝廷肅然以固為議郎沖帝即位
為太尉與梁冀參録尚書事帝崩固以
清河王蒜年長有德欲立之梁冀不從乃
立樂安王子纘是為質帝冀忌帝聰慧恐
為後患遂令左右進鴆帝崩固伏尸號哭

為後患遂令左右進鴆帝崩固伏尸涕哭
推舉侍醫冀慮其事泄大惡之因議立
嗣固與司徒胡廣司空趙戒大鴻臚杜喬
皆以為清河王蒜明德著聞又屬最尊親
宜立為嗣先是蠡吾侯志當娶妹時在京
師冀欲立之衆論既異憤憤不得意而未
有以相奪中常侍曹騰等聞而夜往說
冀曰將軍累世有椒房之親秉攝萬機賓
客縱橫多有過差清河王嚴明若果立則

【第三十二紙】

容縱横多有過差清河王嚴明若果立則
將軍受禍不久失不知立吾侯富貴可
長保也冀然其言明日重會公對冀氣
爲而言切自胡廣趙戒以下莫不攝之
皆曰惟大將軍令而固獨與杜喬堅守本
議冀厲聲罷會固後以書勸冀冀愈激
怒乃說太后先策免固竟立吾侯是爲桓
帝後歲餘甘陵劉文魏郡劉鮪各謀立蒜爲天子梁冀因此誣
固与文鮪共爲妖言下獄門生勃海王調貫械

固与文蒼共為妖言下獄門生勃海王調貫械
上書證固之枉河內趙承等數十人亦要鈇鑕
詣闕通訴太后明之乃赦焉及出獄京師市里
皆稱萬歲冀聞之大驚畏固名德終為己害乃
更據奏前事遂誅之臨命與胡廣趙戒書
曰固受國厚恩是以竭其股肱不顧死亡志欲
扶持王室比隆文宣何圖一朝梁氏迷謬公
等曲從以吉為凶成事為敗乎漢家衰微從
此始矣公等受主厚祿顛而不扶傾覆大事後

【第三十三紙】

此矣公等受主厚祿顛而不扶傾覆大事後之良史豈有所私固身已矣於義得矣夫復何言廣戒得書悲慚長歎流涕州郡收固二子基茲皆死獄中 杜喬字叔榮河內人也漢安元年以爲守光祿大夫梁冀子弟五人及中常侍等以無功並封爲上書諫曰陛下越從藩臣龍飛即位天人屬心萬邦攸賴不急忠賢之禮而先左右之封傷善害德興長佞諛臣聞古之明君褒罪必以功過末代闇主誅賞

聞古之明君褒罰必以功過末代闇主誅賞
各緣其私今梁氏所一門宦者微孽並無功
之紱裂勞臣之土其為乖濫胡可勝言夫有
功不賞為善失其所姦回誅為惡肆其凶故陳
資斧而民靡畏班爵位而物無勸苟遂斯道
豈伊傷政為亂而已喪身亡國不可不慎哉書
奏不省先是李固見廢內外喪氣群臣側足
而立唯喬正色無所回撓由是朝野瞻望焉
冀愈怒遂自執繫之死獄中與李固俱暴以

冀愈怒遂自執繫之死獄中與李固俱暴
尸於城北（論曰順桓之間國統三絶太后
稱制賊臣虎視李固據位持重以爭大義確乎而不
可奪豈不知守節之觸禍恥夫覆折之傷任也
觀其發正辭及所遺梁冀書雖機失謀乖猶
戀戀而不能已至矣哉社稷之心乎其顧視胡廣趙
戒猶糞土也

群書治要巻第廿三　列傳

羣書治要卷第廿三　列傳

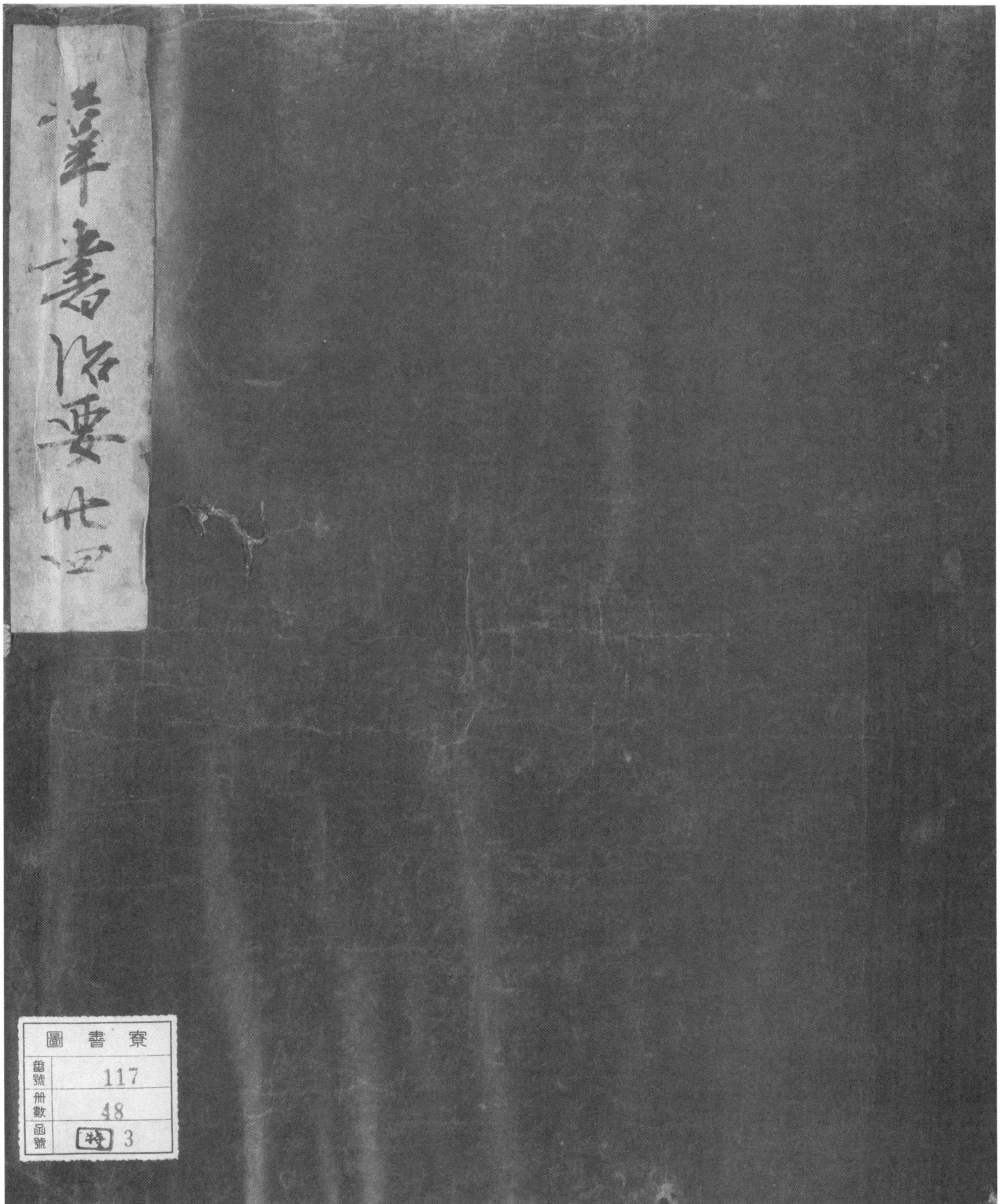
羣書治要卅四
圖書寮
117
48
3

群書治要巻第廿四

後漢書　列傳

延篤字叔堅南陽人也為京兆尹時皇子有疾下郡縣出珍藥而大將軍梁冀遣客齎書詣京兆并貨牛黄篤發書收客曰大將軍椒房外家而皇子有疾必應陳進醫方豈當使客千里求利乎遂殺之

分豈當使客千里求利乎遂殺之
冀懃而不得言有司承旨欲求其
事篤以疾免歸也
史弼字公謙陳留人也為北軍中候
是時桓帝弟勃海王悝素行險
僻僭傲多不法弼懼其驕悖為乱乃
上封事曰臣聞帝王之於親戚愛
雖隆必示之以威體雖貴必禁之以度
如是和睦之道興骨肉之恩遂昔

【第二紙】

本書注曰逞快也不快之人也

本書注曰有虛言無實行也

如是和睦之道興骨肉之恩遂昔
周襄王恣甘昭公孝景皇帝驕梁
驕梁孝王二弟階寵終用悖慢卒
有播蕩之禍漢有爰盎之變竊
聞勃海王悝凴至親之屬偏私之
愛失奉上篤有之心外聚剽輕不
逞之徒內荒酒樂出入无常所與郡居
皆有口无行或家之棄子或朝之斥
臣必有羊勝伍被之變州司不敢彈

臣必有羊勝伍被之變有司不敢彈
糾傅相不能匡輔陛下隆於友于不
忍遏絶恩遂滋蔓為害浸大乞露
臣奏以示百僚詔公卿平處其法〻
吏罪定乃下不忍之詔如是則聖朝
無傷親之譏勃海有享國之慶不
然懼大獄將興使者相望於路矣不
勝憤懣謹冒死以聞帝以至親不忍
下其事後悝竟坐逆謀貶為廮陶王

【第三紙】

下其事後悝意坐逆謀貶為廮陶王
弼遷河東太守當舉孝廉弼知多
權貴請託乃豫敕斷絕書屬中
常侍侯覽果遣諸生齎書請
之并求假鹽税積日不得通
生乃說以他事謁弼而因達覽書
弼大怒曰太守忝荷重任當選士
報曰尒何人而詐偽无狀命左右
引出楚捶數百即日考殺之侯

別出楚捲數百卽日孝殺之侯
覽大怒遂詐飛章下司隸誣弼
誹謗檻車徵下廷尉詔獄得減
死一等罪也
陳蕃字仲舉汝南人也時小黄
門趙津南陽大猾張汜等奉事
仲官乘埶犯法二郡太守劉瓆
成孝治其罪雖經赦令而並竟孝
殺之官〻怨恚有司承旨遂奏瓆瑨

殺之官〻惡悉有司乘旨遂奏瓆瑨罪當弃市又山陽太守翟超沒入中常侍侯覽財產東海相黃浮誅殺下邳令徐宣超浮並坐髡鉗輸作右校蕃與司徒劉矩司空劉茂共諫請瓆等帝不悅有司劾奏之矩茂不敢復言蕃乃獨上疏曰臣聞齊桓脩霸務為內政冠賊在外四支之疾內政不理心腹之患臣寢不能

【第四紙】

之疾内政不理心腹之患日寝不能
寐食不聞飽實憂左右日親患言
以疎内患漸積外寇方深陛下超
從列侯繼襲天位小家治産百萬
之資子孫尚恥失其先業。乃況
産兼天下受之先帝而欲懈怠以
自輕忽乎誠不愛己不當念先
帝得之勤苦邪前梁氏五侯毒遍
海内天啓聖意收而戮之天下之

海內天啓聖意收而戮之天下之
議冀當小平明鑒末遠覆車如作
而近習之權復相扇結小黃門趙
津大猾張氾等肆行貪虐姦媚
左右前太原太守劉瓆南陽太
守劉成瑨糺而戮之雖言赦後
不當誅殺原其誠心在乎去惡而
小人道長熒惑聖聽遂使天威
為之發怒如加刑謫已為過甚況

【第五紙】

為之發怒加刑譴已為過甚況
乃重罰令伏歐刀乎天前山陽太
守翟超東海相黃浮奉公不撓
疾惡如讎超沒侯覽財物浮誅徐
宣之罪並蒙刑坐不逢赦恕覽之
縱橫沒財已章宣犯舋過死有
餘辜昔丞相申屠嘉召責鄧
道洛陽令董宣折辱公主而文
帝從而請之世祖加重賞未聞二

帝從而請之世祖加重賞未聞二
臣有專命之誅而今左右群竪
惡傷黨類妄相交構致此刑譴
聞臣是言當復啼訴陛下陛下
深宜割塞近習豫政之源引
納尚書朝臣省事簡練清高斥
黜佞邪如是天和於上地洽於下
休禎符瑞豈遠乎哉陛下雖厭毒
臣言人主有自勉強敢以死陳帝得

臣言人主有勉旃敢以死陳帝得
奏愈怒意无所納朝廷衆庶莫不恐
莫不之當官由此疾蕃弥甚李膺
等黨事下獄考實蕃因上疏諫曰
臣聞賢明之君委心輔佐亡國之主
諱聞直辭故湯武雖聖而興於伊呂
桀紂迷惑亡共人由此言之君為
元首臣為股肱同體相須共成美
惡者也伏見前司隸校尉李膺

【第六紙】

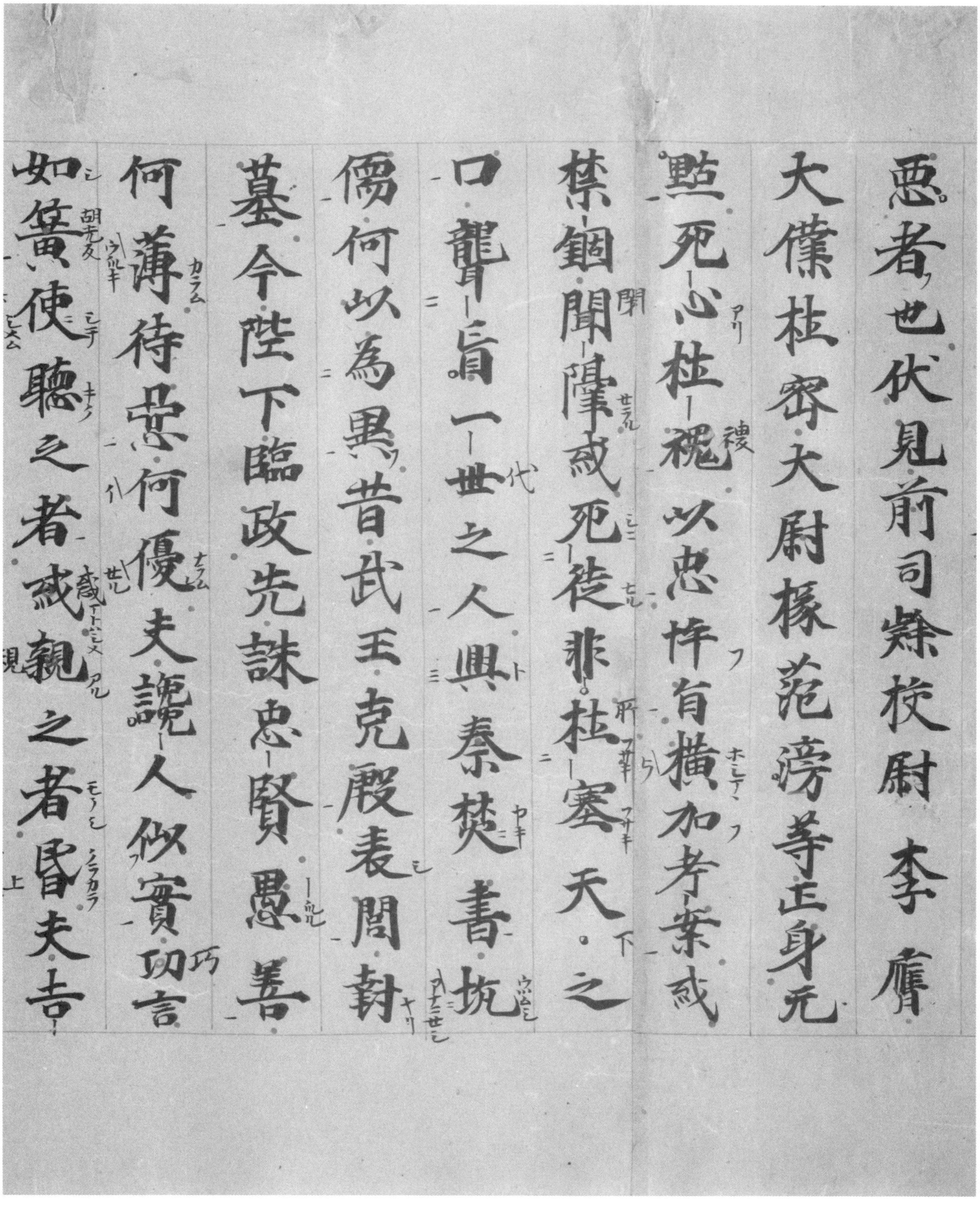

悪者也伏見前司隷校尉李膺
大僕杜密大尉掾范滂等正身无
點死心杜禝以忠忤旨横加考案或
禁錮閉隔或死徙非杜塞天下之
口聾盲一世之人與秦焚書坑
儒何以為異昔武王克殷表閭封
墓今陛下臨政先誅忠賢愚善
何薄待悪何優夫讒人似實功言
如簧使聽之者惑親之者昬夫吉

如簧使聽之者惑親之者昏夫吉
凶之效存乎識善成敗之幾在於
察言人君者攝天地之政事四達
聖法進退不可以離道謬言出口
則亂及八方何況既无罪於獄殺无
辜於市乎又青徐炎旱五穀損
傷人物流遷茹菽不足而宮女
積於房掖國用盡於羅紈外戚私
門貪財受賂所謂祿去公室政在

【第七紙】

門貪財受賂所謂祿去公室政在
大夫昔春秋之末周德衰微數十
年間无復灾青者天所弃也天之
於漢悵〻無已故慇懃示變以悟
陛下除妓去孽實在脩德臣位列
台司憂責深重不敢尸祿惜生觀
成財如蒙採錄使身昔分裂異門
而出所恨也帝諱其言切詑以蕃
辟呂非其人遂策免之靈帝即位竇

辟呂非其人遂策免之靈帝即位竇
太后臨朝蕃與后父大將軍竇武
周心盡力徵用名賢共參政事
天下之士莫不延頸想望太平而
帝乳母趙嬈旦夕在太后側中常
侍曹節王甫等與共交搆諂事
太后太后信之數出詔命有所封
拜及其支類多行貪虐蕃常疾
之志誅中官貪竇武亦有謀蕃

之志誅中官貪賓武亦有謀蕃
乃先上疏曰臣聞言不真而行不正
則為欺天而負乎人危言極意則
群而側目禍不旋踵鈞此二者臣
寧得禍不敢欺天世今京師囂囂
道路諠譁言侯覽曹節等與趙
夫人諸女尚書並乱天下附從者升
進忤逆者中傷方今一朝群臣
如何中木耳汎汎東西耽祿畏

【第八紙】

如何中夲耳汎々東西軌祿畏
害陛下前始攝位順天行誅蕩康
管霸並伏其辜是時天地清明人
鬼歡喜奈何數月縱左右元惡大
斲莫逆之甚令不急誅坐變亂傾
危社稷其禍難量太后不納蕃
曰興竇武謀之及事泄曹節等矯
詔誅武等遂令救蕃即日害之論
曰桓靈之世若陳蕃之徒咸能樹

曰桓靈之世若陳蕃之徒咸能樹
立風聲抗論惛俗而驅馳㟴厄之中
與刑人腐夫同朝爭衡終取滅
亡之禍者彼非不能絜情志違埃
霧也愍夫世士以離俗爲高而
人倫莫能達世非義故屢遷而不
去以仁心爲己任雖道遠而彌厲
及遭值際會協策竇武自謂万
一遇也懍ゝ望之矣功雖不終

【第九紙】

一遇也慄〻望之矣功雖不終
然其信義足以擕持世心漢亂而
不亡百餘年間數公之力也
竇武字游平扶風人拜城門校
尉清身疾惡時國政多失內官專
寵李膺杜密等為黨事考逮
武上疏諫曰臣聞明主不諱譏刺
之言以探幽暗之實忠臣不恤諫爭
之患以暢萬端之事是以君臣

熙者盛也

之患以暢萬端之事是以君臣
並熙名奪百世臣豈敢懐祿逃罪
不竭其誠陛下初從藩國爰登帝
祚天下逓豫謂當中興自興位
以来未聞善政梁孫寇鄧雖或
誅滅而常侍黄門續為禍虐
欺罔陛下競行譎詐自造制度
妄爵非人朝政日衰姧臣日彊
臣恐二世之難必將復及趙高之

臣恐二世之難必將復及趙高之
變不朝則夕近者姦臣竊脩法度
造設黨議遂收前司隸校尉李膺
太僕杜密御史中丞陳翔太尉掾
范滂等逮考連數百人曠年拘
錄事无效驗臣惟膺等建忠抗
節志經王室此誠陛下稷契伊呂
之佐而虛為姦臣賊子之所誣枉
天下寒心海内失望惟陛下留神

天下寒心海内失望惟陛下留神
神澄省時見理出以厭人鬼顒ゝ
之心臣聞古之明君必須賢佐以治
道今臺閣近臣尚書令陳蕃僕
射胡廣尚書朱寓荀緄劉祐魏朗
劉矩尹勳等皆國之貞士朝之良
佐尚書臺郎張陵嬀皓苑康
楊喬邊韶戴恢等文質彬ゝ明
達國典内外之職群才並列而陛下

達國典内外之職群才並列而陛下
委任近習專樹饕餮外典州郡
内幹心膂以貲點拆奪官欺國人
對治其無狀誣罔之罪信忠良平
決臧否使邪正毀譽各得所實愛
天官唯善是授如此咎徵可消天
嘉士猶善人也
應可待間者有嘉禾芝草黄龍之
見夫瑞生必於嘉士福至實由吉
人在德爲瑞无德爲災陛下所行

【第十一紙】

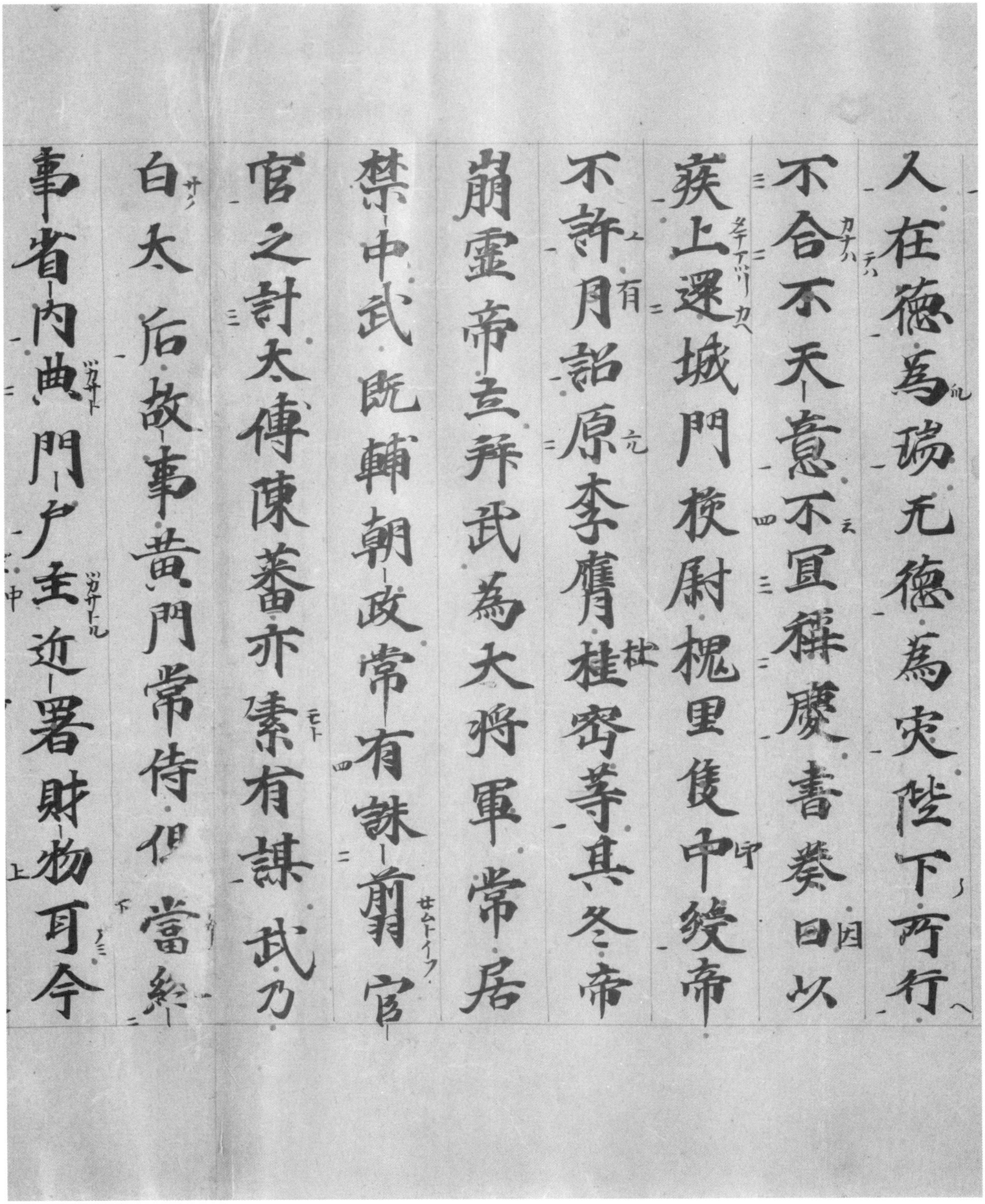
人在德爲瑞无德爲灾陛下所行
不合不天意不宜稱慶書奏曰以
疾上還城門校尉槐里侯中綬帝
不許月詔原李膺桂密等其冬帝
崩靈帝立拜武爲大將軍常居
禁中武既輔朝政常有誅翦宦
官之討太傅陳蕃亦素有謀武乃
白太后故事黄門常侍但當給
事省內典門戶主近署財物耳今

事省內典門戸主近署財物耳今
乃使與政事而任權童子苐布列
傅為貪暴天下匈匈正以此故冝
悉誅廢以清朝廷長樂五官史朱
瑀盜發武奏罵曰中官放縱者自
可誅我曹何罪而當書見族滅曰
大呼曰陳蕃竇武奏白太后廢帝
為大逆遂遣蔣聞驚起白帝請出
御德陽前殿拜王甫為黃門令甫

御德陽前殿拜王甫為黄門令甫
虎賁羽林追圍武〻自殺梟首洛陽
都亭收捕宗親賓客姻屬悉誅之
遷太后於雲臺也

循吏傳

循吏傳序　初光武長於民間頗達情偽
見稼穡艱難百姓病害至天下已
定務用安靜解王莽之繁密還
漢世之輕法身衣大練色無重綵
有耳不德鄭衛之音手不持珠玉之

有耳不徳鄭衛之音手不持珠玉之
玩宮房无私愛左右无偏恩遠哉
十三年異国有獻名馬者日行千

【第十二紙】

里又進寶劒價直百金詔以馬駕鼓
車劒賜騎士捐上林池籞之官
廢騁望弋獵之事數引公卿郎將
列于禁坐廣求民瘼觀納風謠
故能內外匪懈百姓寬息自臨宰邦

【第十三紙】

邑者競能其官若杜詩等南陽

王切箴臧深及竹名箴規識云同今案孫切亦作箴

邑者覺能其官若杜詩等南陽
号為杜母任延錫光移變邊俗
斯其績用之最章章者也又第五
倫宋均之徒亦足有可稱談然建
武永平之間吏事刻深亟以謠言
單辭轉易守長故朱浮數上諫書
箴切峻政鍾離意等亦規諷殷勤以
長者為言而不能得也所以中興
之美蓋未盡焉任延字長孫南

【第十四紙】

泊 切旁各反 止也与薄音同

饋 祭楇餉 或作ー 禾位反与匱音同

之義盖未盡焉任延字長孫南
陽人也拜會稽都尉時年十九迎
官驚其壯及到静泊无為唯先遣
祠延陵季子躬請髙行如董子
儀嚴子陵等敬待以師友之礼掾
史貧者輙分奉禄以賑給之是以
郡史賢士大夫爭往官焉建武初
延上書乞骸骨歸拜王廷詔徵為
九真太守九真俗以射獵為業不

【第十四紙】

九真太守九真俗以射獵為業不知牛耕民常告糴交阯每致困乏乃鑄作田器教之墾闢百姓充給又駱越之民无嫁娶礼法各因淫好不識父子之性夫婦之道延乃使男女皆年以齒相配其貧无礼娉令長吏以下各省奉祿以賑助之同時相娶者二千餘人是歲風雨從節穀稼豐衍其產子者始知種姓咸

節穀稼豐衍其産子者始種姓咸
曰使我有是子者任君也多名子為
任於是徼外蠻夷夜郎等慕義
保塞延遂上罷斥候卒初平帝時
漢中錫光為交阯太守教導民夷
漸以礼義化聲侔於延王莽末閉
境拒守建武初遣使貢獻封鹽水
侯嶺南華風始於二守焉延視
事四年徵詣洛陽九真吏民生為立

事四年徵詣洛陽九真吏民生為立
礼拜武威太守帝覩見之曰善事上
官无失名舉返對曰臣聞忠臣不和
和臣不忠履正奉公臣子之節上下
雷同非陛下之福也善事上官臣不
敢奉詔帝歎息曰卿言是也

酷吏

董宣字少平陳留人也為洛陽令
時湖陽公主倉頭白日殺人日遏主
家吏不能得及主出行而以奴驂乘

家吏不能得及主出。而以奴驂乘
宣於夏門亭候之乃駐車叩馬數
主之失叱奴下車因格殺之主即
還宮訴帝帝大怒召宣欲箠殺之
宣曰陛下聖德中興而縱奴殺良人
將何以治天下乎臣不須箠請得自
殺即以頭擊楹流血被面帝令小
黄門持之使宣叩頭謝主宣不從
帝強使頓之宣兩手據地終不肯

【第十六紙】

帝彊使頓之宣兩手據地終不肯
俯主曰文叔為白衣時藏亡匿死吏
不敢至門今為天子威不能行一令
乎帝笑曰天子不與白衣同勅
彊項令出賜錢卅萬搏擊豪彊
莫不震慄京師號為卧虎歌之曰
枹鼓不鳴董少平也論曰古者敦
庬善惡易分至書衣冠異服色而
莫之犯叔世偷薄上下相蒙德義不

枹擊鼓杖也音浮其字從木

胡講反

【第十六紙】

莫之犯弥世偷薄上下相蒙德義不
足以相洽化導不能以懲違乃嚴刑
痛殺以暴治姦倚疾邪之公真濟
忍苛之虐情與夫術之守道之吏
何工否之殊乎故嚴君蚩黃霸之
術密民笑卓茂之政猛既窮矣而
猶誡未勝盖邑否以管辱加物來
安未嘗鞫人贓罪而猾悪自禁民
不敢犯何者以為威辟既用而苟免

不敢犯何者以為威辟既用而茍免
之行興仁信道孚故威（感）被之情著茍
免者威隳則姦起感被者人臣而思
存由一邦以言天下則刑訟繁厝可
得而求矣

宦者傳

宦者傳序　周禮閽者守中門之禁寺人掌
女宮之戓（戒）然宦人之在王朝其來
舊矣漢興仍襲秦制量（置）中常傳（侍）官
然亦引用士人以參其選及高后稱

【第十七紙】

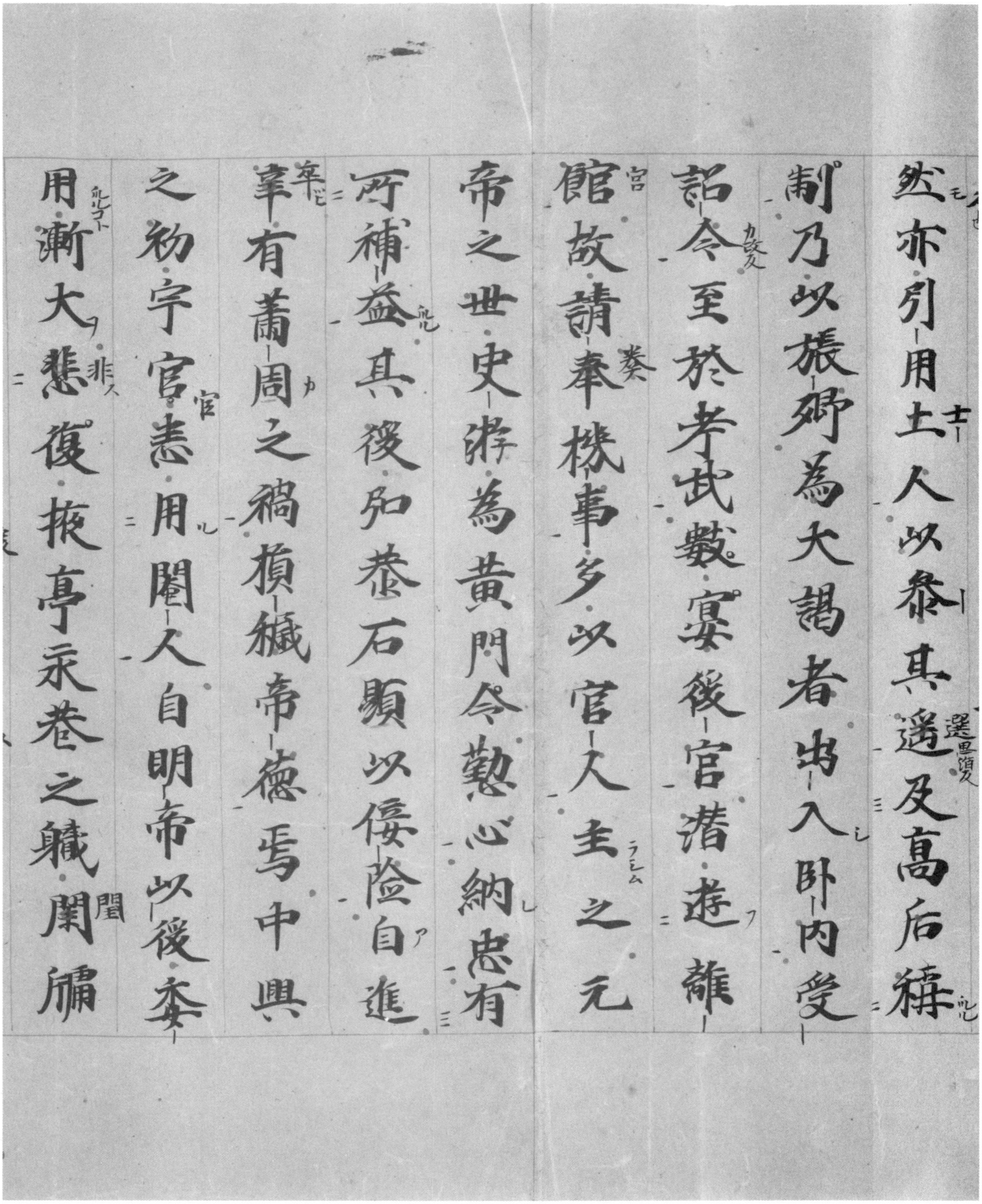

然亦引用士人以參其選及高后稱
制乃以張卿為大謁者出入卧内受
詔令至於孝武數宴後宮潛遊離
館故請奏機事多以宦人主之元
帝之世史游為黄門令勤心納忠有
所補益其後弘恭石顯以佞險自進
卒有蕭周之禍損穢帝德焉中興
之初宦官悉用閹人自明帝以後委
用漸大非復掖庭永巷之職閨牖

俾頡反又俾營反廣疋屛側也尚書屛璧与璋孔安國曰屛藏也文陸

用漸大悲復掖亭永巷之職闈牖
房闈之任也其孫程定立順之功曹
騰叅建桓之策迹因公正恩固立心
故中外服從上下屛氣舉動迴山
海呼吸變
霜露阿旨曲求則光寵三族真情忤
意則叅夷五宗漢之綱紀大乱矣若
夫高冠長劔紆朱懷金者布滿宮
闈苴茅分虎南面臣民者蓋以十數

【第十八紙】

闒茸第分虎南面臣民者蓋以千數
府署第館綦列於都鄙子弟支附
過半於州國南金和寶冰紈霧縠之
積盈仞珍藏嬌媛侍兒歌童舞女之
翫充備綺室狗馬飾雕文土木被緹
繡皆剝削萌黎競恣奢欲構害明賢專
樹黨類敗國蠹政之事不可殫書所
以海内嗟毒志士窮棲寇劇緣間搖亂區
夏雖忠良悚憤時或奮發而言出

【第十八紙】

夏雖忠良㥯憤時或奮發而言出
禍從旋見孥戮凡稱善士莫不離被
灾毒斯亦運之極乎
單超河南人徐璜下邳人具瑗魏郡
人左琯河南人君衡潁川人也桓帝初
超璜瑗爲中常侍琯衡爲小黄門
史初梁冀兩妹爲順桓二帝皇后冀
代父商爲太將軍再世權戚威振
天下冀自誅李固杜喬等驕撗益

天下冀自誅李固杜喬等驕擅益甚皇后秉勢忌恣多所鴆毒上下拑口莫有言者帝逼畏久恒懷不平延熹二年皇后崩帝因如廁獨呼衡問左右與外舍不相得者皆誰乎衡對單超左悺徐璜具瑗常私忿疾外舍放横口不敢道於是帝呼超悺璜瑗等五人遂定其議詔收冀及宗親黨與誅之悺衡遷中常侍超新豐進

【第十九紙】

黨與誅之悺衡遷中常侍超新豐進
二万戶璜武原侯瑗東武陽侯各万
五千戶賜錢各千五百万悺上蔡侯衡
万五人同日封故世謂之五侯又封小
黃門劉普趙忠等八人為鄉侯自是權
歸宦官朝廷日乱矣超疾病帝遣使
者就拜車騎將軍蒐賜東園秘器
棺中玉具贈侯將軍印綬使者治喪
及葬發五營騎士侍御史護駕將作

【第二十紙】

及葬發五營騎士侍御史護駕將作
大匠起冢塋其後四侯轉擅天下為
之語曰左回天具獨坐徐臥虎唐兩
隨皆競起第宅樓觀壯麗窮極伎
功金銀罽毦施於犬馬多取良民美
女以為姬妾皆珍飾華侈擬則宮人
其僕從皆乘牛車而從列騎又養其
疏屬或乞嗣異姓或買蒼頭為子並
以傳國襲封兄弟姻戚皆宰州臨郡

【第二十紙】

以傳國襲封兄弟姻戚皆宰州臨郡

辜較更百姓與盜賊无五侯宗族賓

容虐遍天下民不堪命起為寇賊

衡卒亦贈車騎將軍如超故事司

隸校尉韓演奏悺罪惡及其兄大僕

南鄉侯稱請託州郡聚斂為姦賓容

【第二十一紙】

放縱侵犯吏民悺稱皆自殺演又奏

瑗兄子沛相恭贓罪徵詣廷尉瑗詣獄

謝貶為鄉侯卒於家及超瑗璜衡

謝賊爲卿侯率於家及趙璜衡
襲封者並降爲卿侯子弟分封者
悉奪爵土劉普等賊爲開内侯
侯覽者山陽人也桓帝初爲中
常侍以佞猾進倚埶貪放受納
貨遺以巨萬計延爵開内侯又託
與議誅梁冀功進封高鄉侯覽
兄參爲益州刺史民有豐富者輙誣
以大逆皆誅滅之没入財物前後累

以大逆皆誅滅之沒入財物前後累
億計大尉楊秉奏參檻車徵於
道自殺參車重三百餘兩皆金銀錦
帛珍玩不可勝數覽坐免旋復
官建寧四年喪母還家大起
起塋冢督郵張儉因舉奏覽之
貪侈奢縱前後請奪民宅三百
一十八頃起立第宅十有六區皆
高樓池苑臺閣相望飾以綺畫丹

【第二十二紙】

廡廊下周屋也

高樓池苑臺閣相望飾以綺畫丹
之屬制度深廣僭類宮省又豫
作壽冢石槨雙闕高廡百尺破
人居室發掘墳墓良民妻略
婦子諸罪釁誅之而覽伺候遮截
章竟不上儉遂破覽冢宅藉
沒資財具言罪狀又奏覽母生時
交通賓客干亂郡國復不得御
覽遂誣儉為鉤黨及故長樂少府

覽遂誣儉為鉤黨及故長樂少府
李膺太僕杜密等皆夷滅之遂
領長樂太僕熹平元年九有司
舉奏覽專權驕奢策收印綬自
殺阿黨者皆免也曹節字漢豐
南陽人也建寧元年持節將中黃
門虎賁羽林千人北迎靈帝陪
乘入宮及即位以定策封長安鄉
侯時竇太后臨朝后父大將軍

【第二十三紙】

後時竇太后臨朝后父大將軍武與太傅陳蕃謀誅中官節與長樂五官史朱瑀從官史張亮中黃門王尊等十七人共矯詔以長樂食監王甫為黃門令將兵誅武蕃等節遷長樂衛尉封育陽侯甫遷中常侍黃門令如故王尉都鄉侯亮等五人各三百戶餘十一人皆為關内侯歲食租二

十一人皆爲關內侯歲食租二
千斛賜璃錢五千萬餘各有差後
更封華容侯二年茍病固辭拜爲
車騎將軍有須疾瘵復爲中常
侍位特進秩中二千石尋轉大長
秋熹平元年竇太后崩王甫鴞
殺太后常侍侯覽多殺黨人公卿
皆尸祿无有忠言者於是詔司隸
校尉劉猛逐捕猛以誹言直不肯

校尉劉猛逐捕猛以誹言直不肯
急捕月餘主名不立猛坐左轉諫
議大夫御史中丞段熲代猛乃四
出逐捕及太學遊生繫者二千餘
人節等怨猛不已使熲以他事奏
猛抵一罪輸左校節遂與王甫等
誣奏桓帝弟勃海王悝謀反誅之
以功者十二人甫封冠軍侯節亦
増邑四千戸父兄子弟皆為公卿列

【第二十四紙】

増邑四千戸文兄子弟皆爲公卿列
校牧守令長布滿天下也　呂播
字漢盛河南成皐人也少以官者遷
中常侍清忠奉公靈帝時例對官
者以强爲都鄉侯强辭讓懇惻帝
乃聽之因上疏陳事曰臣聞諸侯上
象四七下裂王土高祖重約非功臣
不侯所以重天爵明勸戒也伏聞中常
侍曹節王甫等並爲列侯節等訧

侍曹節王甫等並爲列侯節等誣
諂媚主佞邪儌寵放毒人物嫉妬忠
良有趙高之禍未被轘裂之誅掩
朝廷之明成私樹之黨而陛下不
悟妄授茅土世爲藩輔受國重恩
不念尒祖述脩厥德而交結邪黨
下比群佞陛下或其才特蒙恩澤
又授位乖越陰陽乖剌因不由茲臣
誠知封事已行言之無逮所以冒死

【第二十五紙】

誠知封事已行言之無逮所以冒死
干觸陳愚忠實願陛下損改既謬
[案明帝紀注樊氏郭氏陰氏馬氏謂之四姓]
從此一上又令外戚四姓貴偉之家
及中宮公族无功德者造館起舍凡
有萬數雕刻之飾不可殫言喪葬
[矯正也拂戾也音扶弗反]
踰制奢麗過礼競相放效莫肯矯
拂上之化下僭風靡草今上无去奢
之檢下有縱欲之敝至使禽獸食人

【第二十六紙】

之甘木衣人之帛昔師曠諫晉平

之甘木土衣人之帛昔師曠諫晉平公曰梁柱衣繡民无褐衣池有弃酒士有渴死廏馬秣人粟有飢色近臣不敢諫遠臣不得暢此之謂也又聞前召議郎蔡邕對問於金商門而令中常侍曹節王甫詔書喩旨邕不敢懐道迷國而切言極對毀刺貴臣譏呵宦官陛下不密其言至令宣露群邪競欲咀嚼造作飛條陛下回受誹

耶覺欲唄嚼造作飛條陛下迴受誹
謗世於罪室家徒放耆縱離豈不
肩忠臣哉今群臣皆以世為戒上畏
不聞之難下懼釣容之害臣知朝
廷不復得聞忠言矣夫立无顯過
之咎明鏡无見疵之人尤如惡立立
言以記過則不當學也不欲明鏡
之見疵則不照也願陛下詳思臣
言不以記過見疵為責

【第二十七紙】

言不以訑過見疵為貴

張讓潁川人趙忠安平人也少時

給事省中霊帝時讓忠並遷中

常侍封列侯與曹王甫等相

為表裏節死後忠領大長秋讓

有監奴典任家事交通貨賂威刑

諠赫扶風人孟他資産饒贍與奴朋

結傾竭饋問无所遺愛奴咸德

之問他曰君何所欲力能辦也他曰

之問他日君何所欲力能辨也他日
吾望汝曹爲我一辨耳時賓客求
謁讓者車恒數百千兩他時詣讓
後至不得進監奴乃率諸倉頭迎
拜於路遂共輿車入門賓客咸驚
謂他善於讓皆爭以珍玩賂之他
分以遺讓讓大喜遂以他爲凉州
刺史是時讓忠及夏惲勝孫璋
畢嵐栗嵩段珪高望張恭韓悝

畢嵐栗嵩段珪高望張恭韓悝
宋典十二人皆為中常侍封侯貴
寵父子弟布列州郡所在貪残
為民害黄巾既作盜賊糜沸郎
中〻山張鈞上書日竊惟張角所以
能興兵作乱万民所以樂附之者其
源皆由十常侍多放父兄子弟婚親
賓客典據州郡辜較財利侵掠百〻
姓〻之寃无所告訴故謀議不軌

姓〻之寃无所告訴故議謀不軌
聚爲盜賊宜斬十常侍懸頭南郡以
謝百姓又遣使者布告天下不須師
旅而大寇自消天子以鈞章示讓
等皆免冠徒跣頓首乞自致洛陽
詔獄並出家財以助軍費有詔皆
冠履視事如故帝怒鈞曰此真狂
子也鈞復重上猶如前章輒寢不
報詔使廷尉侍御史考爲張角道者御

報詔使廷尉侍御孝爲張角者御
史承讓等旨遂誣奏鈞與黃巾道
後中常侍封諝徐奉事獨發覺坐
誅帝因怒詰讓等曰汝曹常言黨
人欲爲不軌皆令禁錮或有伏誅
今黨人更爲國用汝曹反與張角通
爲可斬未皆叩頭云故侍中常王甫
侯覽所爲帝乃止明年南宮災讓忠
等說帝令斂天下田畝稅十錢以

【第二十九紙】

等説帝令斂天下田畝税十錢以
治宮室發太原河東狄道諸郡材
木及文石毎州郡送至京師黄門常
侍輒令譴呵不中者因強折賤買
十分雇一因復貨之於官々復不爲
即受材木遂至腐積宮室連年
不成刺史太守復增私調百姓呼
嗟凡詔所徴求皆令西園騶密約勅
號曰中使恐動州郡多受賕賂刺史

号曰中使恐動州郡多受賕賂刺史二千石及茂才孝廉遷除皆責助軍治宮錢大郡至二千萬餘各有差當之官者皆先至西園諧價然後得去有錢不畢者或至自殺其守宰清者乞不之官皆迴遣之時鉅鹿太守河內司馬直新除以有清名减責三百万直被詔悵然曰為人父母而反割剝百姓以稱時

【第三十紙】

曰為人父母而及割剝百姓以稱時
求吾不忍也乱疾不聽行至孟津
上書極陳當世之失古今禍敗之戒
即吞藥自致書奏帝為暫絕
宮錢又造萬金堂於西園
農金錢繒帛仞積其中又還河間買
田宅起第觀帝本侯家宿貧每歎
桓帝不能作家居故聚私臧復寄
小黃門常侍錢各數千万常侍是

【第三十紙】

小黄門常侍錢各數千万常侍是
我母宦官得志无所憚畏並
起茀宅擬則宮室帝嘗登永安候臺
宦官恐其望見居處乃使中大夫
尚但諫曰天子不當登高登高則百姓虛
散自是不敢復升臺榭復以忠為車
騎將軍帝崩中軍校尉袁紹說
大將軍何進令誅中官謀洩讓忠
等因進入省遂共殺進而紹勒兵

等曰進入者遂共斂進而紹勒兵
斬忠捕官无少長悉斬之讓等數十人
劫質天子太之河上追急皆投河而死世

儒林傳序

昔王莽更始之際天下散亂禮
樂分崩典文殘落及世祖中興愛好經
術未及下車而先訪儒雅採求闕文
補綴漏逸先是四方學士多懷協
圖書遁逃林藪自是莫不抱
負墳籍雲會京師於是立

【第三十一紙】

負墳籍雲會京師於是立
五經博士各以家法教授太常差
次惣領焉逮武五年乃脩起太
學稽式古典邊豆干戚之容
備之於列服方領習矩步者委他
乎其中中元二年初建三雍明帝
即位親行其禮天子始冠通天衣日
月備法物之加咸清道之儀坐明雲
而朝群后登雲臺以望雲物袒割

而朝群后登雲臺以望雲物袒割辟雍之上尊養三老五更後復為功臣子孫四姓末屬別立校倉搜選高能以授其業自期羽林之士悉令通孝經章句匈奴亦遣子入學濟々乎々洋々乎盛於永平詳同。初中大會諸儒於白虎觀考詳同異連月乃罷肅宗親臨稱制如石渠故事孝和亦數幸東觀覽閱書

【第三十二紙】

故事孝和亦數幸東觀覽閲書
林及鄧后稱制學者頗安帝覽政
薄於藝文博士倚席不講明徒相
視怠散舍學頽弊鞠為園蔬牧兒
蕘豎至薪刈其下順帝感翟酺之
言乃更脩黌宇試明經下第補弟子
除郡國耆儒皆補郎舍人本初元
年詔自大將軍下至六百石悉遣子
就學每歲輒於鄉射月一饗食之自

就學每歲輒於鄉射月一饗會之自
是遊學增盛至三萬餘生並章句漸疏而
多以浮華相尚儒者之風蓋衰矣
熹平四年靈帝乃詔諸儒者正定
五經刊於石碑為古文篆隸三體
書法以相參檢樹之學門使天下咸取
則焉

逸人傳

逸民傳
周黨字伯況太原人也世祖引
見黨伏而不謁自陳願守所志帝乃

見黨伏而不謁自陳願守所志帝乃許焉博士范升奏毀黨曰臣聞堯不須許由巢父而建號天下周不待伯夷叔齊而王道以成伏見太原周黨陛下見帝進不以礼屈伏而不謁偃蹇驕悍誇上求高皆大不敬書奏天下子以示公卿詔曰自古明王聖主必有不賓之士伯夷叔齊不食周粟太原周黨不受朕祿亦各有志焉其賜帛

【第三十三紙】

黨不必受朕祿亦各有志焉其賜帛
卌匹黨遂隱居嚴光字子陵會稽人也
有高名與世祖同遊學及世祖即位光
乃變名姓隱居不見帝乃令以物色訪
之至舎於北軍給牀褥大官朝夕進
膳車駕幸其館至光卧所撫光腹曰
咄咄子陵不可相助爲治耶光眠不
應良久乃張目熟視曰昔唐堯著德
巢父澆耳士故有志何至相迫乎帝

巢父澆耳土故有志何至相迫守帝曰子陵我竟不能下汝邪於是升輿歎息而去復引光入論道舊故相對累日除爲諫議大夫不屈乃耕於冨春山年八十終於家帝傷惜之賜錢百万穀千斛

逸人傳

漢濱老父者不知何許人也桓帝延熹中幸竟陵過雲夢臨沔水百姓莫不觀者有老父獨耕不輟尚書郎南

【第三十四紙】

觀者有老父獨耕不輟尚書郎南
陽張温異之使問曰人皆來觀老父
獨不何也父笑而不對温自與言老
父曰我野人耳不達斯語請問天下
邪役天下以奉天子邪昔聖王帝世
茅茨采椽而万民以寧今子之君勞
民自縱逸遊无忌吾為子羞之子何欲
之觀人乎温大慚問其名姓不告而去也

西羌

西羌傳

建武九年司徒掾班彪上言今涼

西羌傳

建武九年司徒掾班彪上言今凉
州部皆有降羌胡被髮左衽而與漢
人雜處習俗既異言語不通數為小
吏黠民所見侵奪窮恚无聊故致
及叛夫蠻夷寇亂皆為此也宜明威
防世祖從之十一年夏先零種復寇
臨洮隴西太守馬援破降之徙置天
外隴西扶風三郡胡年武都参狼羌
及援又破降之永平元年復遣捕

及援又破降之永平元年復遣捕
虜將軍馬武等擊滇吾遠去餘悉
散降徙七千口置三輔章和十二年金
城太守侯霸與迷唐戰羌衆折傷種
人瓦解降者六千餘口分徙漢陽安定
隴西永初中時諸降羌布在郡縣皆
為吏民豪右所傜役積以愁怨同時奔
潰大為寇掠斷隴道時羌歸附既
久無復器甲或持竹竿木枝以代戈

【第三十五紙】

久無復器甲或持竹竿木枝以伐戈
邪或扇板案以為楯或執鏡銅以象
兵郡縣不能制遣車騎將軍鄧騭
征西校尉任尚副將五營及三輔兵
合五万人屯漢陽騭使尚率諸郡兵
與滇零等戰於平襄尚軍大敗於
是滇零自稱天子於北地招集武都
參狼上郡西河諸雜種衆遂大寇東
犯趙魏南入益州殺抄三輔斷隴道

犯趙魏入益羽寇抄三輔斷隴道湟中諸縣粟石万錢百姓死亡不可勝數朝廷不能制而轉運難劇遂詔騭還師留任尚屯漢陽復遣騎都尉任仁督諸郡屯兵轉仁戰每不利衆羌乘勝漢兵數挫羌遂入寇河東至河内百姓相驚多奔南渡河使北軍中候朱寵將五營士屯孟津詔魏郡趙國常山中山繕作塢候六

詔魏郡趙國常山中山繕作塢候六百一十六所羗既轉盛而二千石令長並无守戰意皆爭上徙郡縣以避寇難朝廷從之遂移隴西徙襄武安定徙美陽北地治池陽上郡徙衙百姓戀土不樂去舊遂乃刈其禾稼發徹室屋夷營壁破積聚時連旱蝗飢荒而駈蹙劫略流離分散隨道死亡或棄損老弱或為人僕妾喪其太半

弃損老弱或為人僕妾喪其太半
自羌叛十餘年間兵連師老不蹔
寧息軍旅之費轉運委輸用二百卌
餘億府帑空竭延及內郡邊民死者
與以後邊并涼二州遂至虛耗論曰
興以後邊難漸大朝規失綏御之和
戎帥騫然諾之信其內屬者或倥傯
於豪右之手或屈折於奴僕之勤塞
候時清則憤怒而思禍桴革暫動

候時清則憤怒而愚禍捋草暫動
則屬鞬而鳥驚故永初之間群種
蜂起自西戎作逆未有陵斥上國若斯
其熾者也嗚呼昔先王疆理九土判
別畿荒和夷貊殊性難以道御故
斥遠諸華薄其貢職唯與亂要
而已若二漢御戎之方失其本矣
何則先零侵境充國遷之內地當
煎作寇馬援徙之三輔貪其暫安

【第三十七紙】

竝作冦馬援徒之三輔貪其暫安
之勢信其馴服之情討日用之權
冝忘経世之遠典豈夫識徴者之為
乎故徴子垂泣於象箸辛有浩歎
於伊川也

烏桓

烏桓鮮卑傳　熹平三年夏育為護烏桓
校尉六年夏鮮卑寇三邊秋育
上言請徴幽并諸郡兵出塞擊之
帝乃拜田晏為破鮮卑中郎將大臣

帝乃拜田晏為破鮮卑中郎將大臣
多有不同乃召百官議之郎蔡邕
議曰書戒猾夏易伐鬼方周有獫
狁蠻荊之師漢有闐顔瀚海之事征
討殊類所由尚矣然而時有同異勢
有可否故謀有得失事有成敗不
可齊也武帝情存遠略志闢四方南
誅百越北討彊故征大宛東并朝鮮
因文景之蓄積藉天下之餘饒數

【第三十八紙】

曰文景之蓄積稸天下之餘饒數
十年間官民俱匱既而學悟乃息
兵罷役封丞相富民侯故主父偃曰夫
務戰勝窮武未有不宗神武將帥
良猛財富充實所拓廣遠猶悔焉況
今人財並乏事劣昔段熲良將習兵
善戰有事西羌猶十餘年今育晏
才策未必過熲鮮卑重衆不弱于
前而虛討二載自許種衆不弱于前

前而虜討之載自許種衆不斷千前
而虜討載自許有成若禍結兵連
豈得中休當復徵發於人轉運无
已是耗竭諸夏并力蠻夷夫邊垂
之患手足之蚧搔中國之困胸背之瘭疽昔
高祖忍平城之恥呂后棄慢書之詬方
之今何甚天山漢奏築長城漢起審
寄恒所以內外異殊俗也苟无跡國內侮
之患則可矣興禹蟻狡寇討徃来哉

之患則可矣。與禹蟻狡寇計往來哉
雖武破之，豈可書而方命本朝爲
之旰食乎。昔淮南王諫伐越曰：如
使越人蒙死以逆執事，廝輿之卒
有一不備而歸者，雖得越王之首，
猶爲大漢羞之。而肯欲以齊民易
醜虜，皇威辱外夷，就如其言，猶
已危矣，況乎失得不可量邪。昔珠崖
郡反，孝元皇帝納賈損之言，而

【第三十九紙】

郡及孝元皇帝納貢禹之言而
下詔罷珠崖郡此元帝所以
厓郡此元帝所以發德音也夫民救
雖成郡列縣尚猶棄之況鄣塞之
外未曾為民居者乎守邊之術李
牧善其略保塞之論嚴尤申其要
遺業猶在文章具存循二子之策
守先帝之規臣曰可矣帝不從遂
遣夏育出高柳田晏出雲中匈奴

遣夏育出高柳田晏出雲中匈奴
中郎將臧旻出鴈門各師
衆逆戰育等大敗喪其節傳輜
重各數十騎奔還死十七八綏邊
莫不被毒也

群書治要卷第廿四

右卷已點了　[illegible]

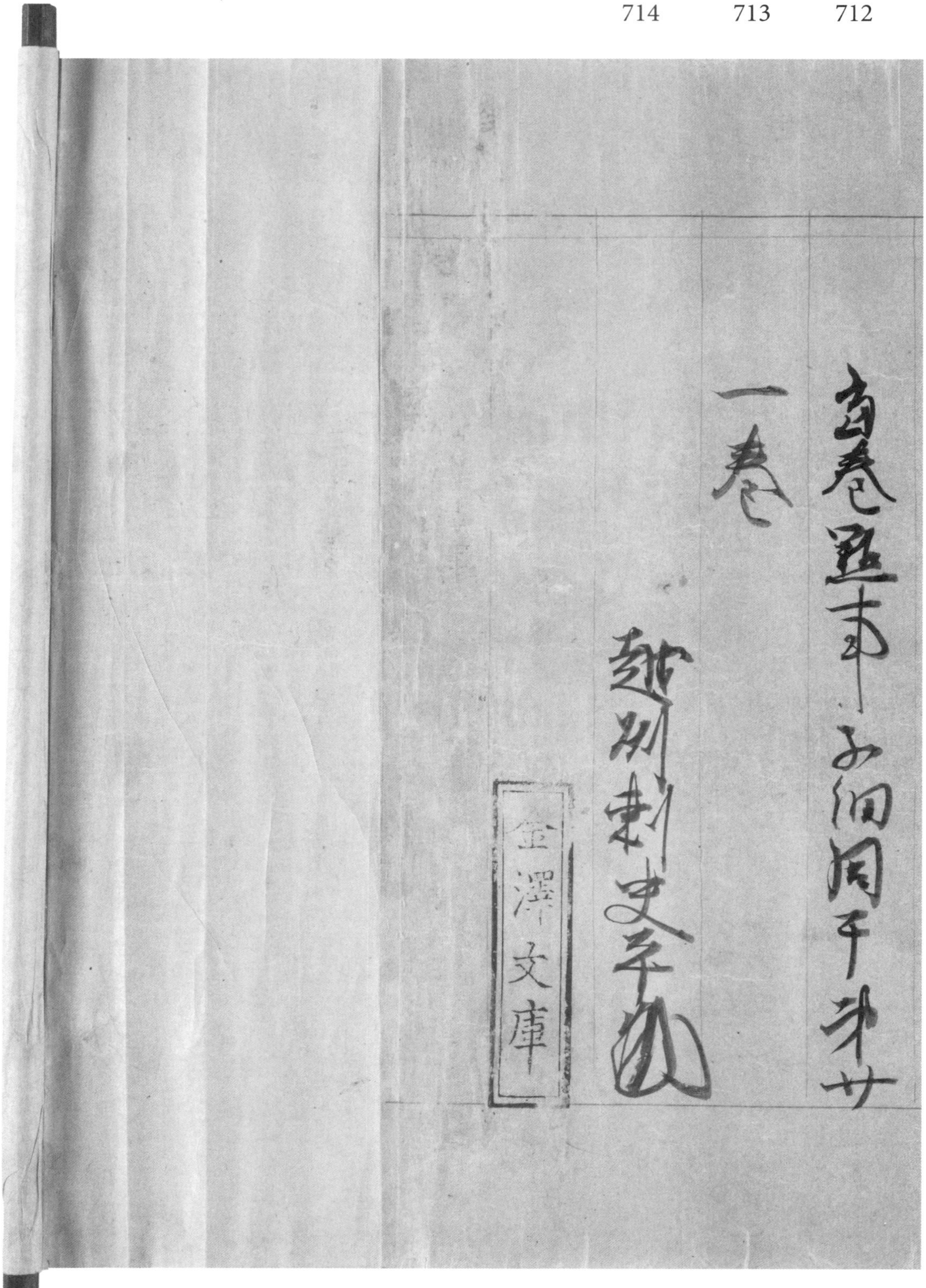
金澤文庫